大夏书系·语文之道

吴春来 主编

教师喜爱的
36堂名师语文课

华东师范大学出版社
ECNUP
全国百佳图书出版单位

主　编：吴春来

副主编：李苏芳

编委会成员（排名不分先后）：

杨琴华	唐　玲	沈涵彬	范　馨	蒋　杰	唐忠玉
唐　蓉	周春勇	蒋会太	王文丽	刘小勇	肖　艳
刘利平	王　华	桂荣玲	蒋佳新	姜力强	周启群
伍丽琼	廖亚男	王争艳	李苏芳	唐晓荣	蒋冰芝
唐宜琴	王海涛	蒋淑玲	欧阳睿	杨华秀	王　懿
张安平	肖莉莉	谢海波	文　惠	曾　琳	吴春来

目录 CONTENTS

第一辑　散文类

>> 板块重组，水到渠成
　　——观薛法根执教《珍珠鸟》/ 3

>> "学"与"练"并举，工具与人文统一
　　——观窦桂梅执教《再见了，亲人》/ 11

>> 删繁就简精设计，朴实无华自有味
　　——观余映潮执教《记承天寺夜游》/ 18

>> 细品文字背后的情感
　　——观丁卫军执教《背影》/ 25

>> 步步为营，披文入情
　　——观王君执教《湖心亭看雪》/ 32

>> 看文言文教学的"三点"
　　——观赵谦翔执教《曹刿论战》/ 39

>> 紧扣"三点"，构建文言文原生态课堂
　　——观张玉新执教《赤壁赋》/ 47

第二辑　小说类

》》在镜头中走进人物的内心

　　——观王崧舟执教《慈母情深》/ 57

》》学学小说教学的"贴"功

　　——观于永正执教《杨氏之子》/ 66

》》由表及里，走进人物

　　——观吉春亚执教《"凤辣子"初见林黛玉》/ 73

》》一字立骨，提纲挈领

　　——观张祖庆执教《穷人》/ 80

》》巧用"三化"，构建高效阅读课堂

　　——观宁鸿彬执教《皇帝的新装》/ 88

》》读写结合，言文合一

　　——观吴丹青执教《咏雪》/ 95

》》追求"有趣、有情、有理"的课堂教学

　　——观王开东执教《林教头风雪山神庙》/ 101

》》匠心独运，返璞归真

　　——观黄厚江执教《装在套子里的人》/ 107

第三辑　说明及说理类

》》"趣"教说明文

　　——观赵志祥执教《鲸》/ 117

》》一语天然万古新，豪华落尽见真淳

　　——观钱梦龙执教《中国石拱桥》/ 125

>>> 在学中实现"语文的核心价值"

　　——观郑桂华执教《说"木叶"》/ 134

>>> 咬定三"文"不放松，追求课堂之"精致"

　　——观尤立增执教《拿来主义》/ 141

第四辑　诗歌类

>>> 且吟且诵品诗韵

　　——观戴建荣执教《送元二使安西》/ 151

>>> 品诗歌"三味"，教语文"真味"

　　——观王旭明执教《乡愁》/ 158

>>> 发现的视角：语文品质课堂的价值追寻

　　——观吴春来执教《天上的街市》/ 166

>>> 灵动与优雅并行，张力与厚度并重

　　——观李仁甫执教《面朝大海，春暖花开》/ 173

>>> 诗歌教学应注重"三感"

　　——观陈钟樑执教《致橡树》/ 180

>>> "读"促"疑"·"疑"促"思"·"思"促"赏"

　　——观程红兵执教《雨霖铃》/ 186

第五辑　写作类

>>> "活动"里的学问

　　——观张化万执教《摔鸡蛋的学问》/ 195

>>> 寓习作教学于扎实高效之中

　　——观贾志敏执教《谁动了松鼠的"奶酪"》/ 202

>>> 他处学来终觉浅，要知写作须躬行

　　——观管建刚执教《我的同桌》/ 209

>>> 看得见的习作教学

　　——观郑桂华执教《描写的奥秘》/ 217

>>> 看似寻常处，回归见奇崛

　　——观袁源执教《于寻常处见精神》/ 224

第六辑　整本书阅读及其他

>>> 始于阅读，终于行动

　　——观王文丽执教《整本书阅读：〈星期天的巨人〉》/ 233

>>> 一"问"激起千层浪

　　——观蒋军晶执教《整本书阅读：〈城南旧事〉》/ 240

>>> 让儿童在阅读中快乐生长

　　——观王玲湘执教《整本书阅读：〈朝花夕拾〉》/ 248

>>> 在思辨中前行

　　——观余党绪执教《整本书阅读：〈三国演义〉》/ 256

>>> 精选提炼，走向文本更深处

　　——观陈金华执教《整本书阅读：〈平凡的世界〉》/ 262

>>> 诗意手法三部曲

　　——观董一菲执教《群文阅读课：〈诗歌中的红与绿〉》/ 269

后　记 / 277

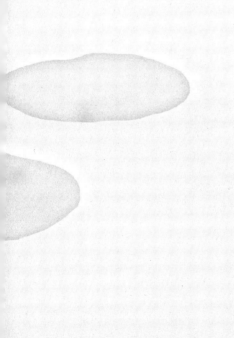

第一辑　散文类

板块重组，水到渠成

——观薛法根执教《珍珠鸟》

杨琴华

课堂节录

节录一

师：珍珠鸟的雏儿见过吗？冯骥才先生用40个字把珍珠鸟雏儿的样子写出来了。注意，40个字用了两句话，前面一句，后面一句。中间用了一个什么符号？（分号）分号表示什么呢？

生：并列关系。

师：来，（指着两位学生）你读上一句，你读下一句。

生：瞧，多么像它的母亲：红嘴红脚，灰蓝色的毛，只是后背还没有生出珍珠似的白点。

生：它好肥，整个身子好像一个蓬松的球儿。

师：看一看，这两句是怎么并列的？前一句写什么？

生：写它的嘴、脚、后背。

师：这是鸟身体的重要部分，是它局部的特点。那下一句呢，是从什么角度写的？

生：写它的整个身子。

师：对，写它的整体。都是讲它的样子，前一句写它的颜色，后一句写整体，中间用一个分号。一起来读。

师：你看，写鸟，先写它的颜色，再写它的形态。如果你要写老师的形态，"大脑袋、细长腿，一笑露出两颗大板牙"，这是局部还是整体？（局部）接下来用一个分号隔开，再怎么写呢？"岁数大了，背越来越驼，就像一匹单峰骆驼。"你看，写人也可以这样写吧。

师：再看这一句"只是后背还没有生出珍珠似的白点"，那小鸟背上有没有白点？（没有）没有，为什么还要写？如果换作是我，我就把这句删掉，不写。

生：因为成年的珍珠鸟的背上是有白点的。

师：对，这是珍珠鸟的特点，如果不写这句，"红嘴红脚，灰蓝色的毛"，很多鸟都是这样的，对不对？但是加了一句，"只是后背还没有生出珍珠似的白点"，特指这是什么鸟？

生：珍珠鸟。

师：我们写一个事物的时候，如果没有看到，可以通过想象写出来，点明这个事物的特征。冯骥才先生用40个字就把珍珠鸟雏儿的形象写出来了，一起来读。

师：这是写它的形态，如果再加一个分号，可以再写什么？

生：写它的叫声。

生：它一叫起来发出娇嫩的声音。

节录二

师：这篇课文，作者除了写喜欢珍珠鸟，还想告诉我们什么？

生：还想告诉我们信赖能创造美好的境界。

师：美好的境界，也就是美好的画面，快速默读，看看哪些画面是美好的？

生：小家伙从叶间探出头来的画面很美好。

生："我用手抚一抚它细腻的绒毛，它也不怕，反而友好地啄两下我的手指。"

生："一点点挨近，然后蹦到我的杯子上，俯下头来喝茶"也很美好。

师：哪一个画面是最美好的境界？

生："这小家伙竟趴在我的肩头睡着了。"

师：这种境界是什么创造出来的？

生：信赖。

师：谁信赖谁？（鸟信赖人）

师：珍珠鸟原来是一种很怕人的鸟，信不信人？

生：不信。

师：在"我"的肩上睡着了，这就是完全信任，这叫信赖。那雏儿是怎样一步一步相信"我"，最后完全信赖"我"的呢？

节录三

师：从害怕到信赖，有一个变化的过程，课文是从"我"的角度来写的，但你知道这只雏儿，这只小家伙是怎样想的吗？它是怎样一步一步信赖"我"的？我们来体验一下，好吗？现在我们每个人都是小珍珠鸟，以珍珠鸟的视角讲述依赖的过程。

师：现在，这里面的"小家伙"应该是谁？

生：我。

师：这里面的"它"应该是谁？

生：珍珠鸟。

师：那这里的"我"应该改成什么？

生：冯骥才。

师：或者是改为他。现在考考你，刚才是人看鸟，现在是——

生：鸟看人。

师：现在你是——

生：珍珠鸟。

（师引导生读）

师：从害怕到信赖，从疏远到亲昵，信赖就是这样一步一步建立起来的。鸟与人的感情已经达到什么程度？比方说，就像在家里你和谁的感情？

生：我和妈妈的感情。

师：如果你自己就是小珍珠鸟，会怎么想呢？一边想一边说。

节录四

师：课文是从人看鸟的角度来说的，我们从鸟看人的角度，就可以体会到鸟是怎样一步一步信赖人的。这篇文章所写的珍珠鸟从在笼子四周活动到啄两下"我"的手指，是不是在一天之内发生的？

生：不是。

师：你怎么看出来不是的？

生：我觉得，小动物从完全不相信人到相信人是要有一个过程的，珍珠鸟试探作者好多次，作者不伤害他，它才会信赖作者。

师：试探，这个试探是有个过程，需要时间的。所以你再来看一下，文中有哪些表示时间的词？

生：起先、随后、渐渐、先是、然后、后来。

师：对，有先有后，说明这个时间长不长？（长）渐渐，那是多次试探以后才发生的，对不对？好，写下来。写信赖的过程，时间有先有后。

师：再来看看，要把这个信赖的过程写具体，除了时间，还有什么秘密吗？体现出两个人的关系越来越近，发现了吗？

生：还要写动作。

师：看看，哪个动作说明距离很远？

生：飞。

师：哪个动作说明作者和它关系越来越好，已经很信赖了？

生：俯下身子、啄。

师：小鸟还有一个动作，也说明它与作者关系很好了。

生：俯下头来——（喝茶）

师：喝茶的"喝"，偏过脸来瞧瞧"我"的反应的"偏过脸来""瞧瞧"。动作能体现出有时关系很亲密，有时关系很疏远。

师：再来看看，除了动作，作者是怎么写出这个信赖过程的？

生：它所在的位置。

师：对了！距离远的时候说明关系比较疏远，近的时候说明关系比较亲密。写下来：距离有远近。

师：好，我们再来看一看，怎么写出这个信赖的变化过程？

师：首先要按照——（时间先后顺序）然后呢？（距离远近）再然后呢？（动作亲疏）这些都可以表现珍珠鸟从害怕到信赖的变化过程。

师：同学们，这种信赖是由于人对鸟的喜爱，是由于永远的不伤害。任何时候，"我"都不伤害它，所以，不单单是喜爱了。不伤害的喜爱可称为什么？

生：关爱。

师：因为这种关爱，所以鸟对人产生了信赖，因为这种信赖，才创造了美好的境界。

节录五

师：小朋友，课文里写的是人与鸟，那我们课堂里是什么？

生：我们和老师。

师：现在考考你，人与人的感情培养是要经历一个过程的，从不认识到相识、熟悉，再到亲密。你能不能像课文中写的那样，用一段话写老师和你们从不认识到亲密的过程？

（学生汇报）

师：作者有没有说这小家伙跟他感情深、关系亲密？没有，他用了动作、细节来写。

师：我们来说说细节。说一个动作，说明老师和你的感情深了。

生：摸摸小朋友的头。

师：还有呢？（握手）注意，不直接写感情深，通过动作、距离来表达。

师：今天，我们学的课文叫——（珍珠鸟）人关爱鸟，鸟就会信赖人，只有信赖才能创造美好的境界。我们的课堂美好吗？（美好）同学和老师互相信赖也能产生美好的境界。生活中，人与人，人与动物之间，有关爱就有信赖，有信赖就有美好的境界。

观课悟道

薛法根老师是语文组块教学的倡导者，主张将零散的教学内容整合、重组，设计成有序的教学实践板块，通过适当的教学策略，充分发展学生的言语智能，提升其语文素养。在《珍珠鸟》一文的教学中，他延续了一贯清简朴实却又幽默睿智的教学风格，在教学内容的整合与重组，学生的诱导与启发，语言的实践与运用上都有诸多巧妙之处。

一、提炼整合，训练中提升思维

课文是最好的例子，但一篇优秀的课文包罗万象，我们到底教什么？散文的教学因其文体特点更容易陷入整堂课结构散漫、侧重点不明的境地。薛老师豁然确斯，将课堂人文性目标定位在了感受信赖创造的美好境界上；知识性目标经过提炼，清晰地整合成了两大板块的训练：一是细致品析珍珠鸟的外貌描写，一是感受作者怎样将逐步信赖的过程写具体。品析外貌描写时，薛老师提炼出了三个朴实却层次感鲜明的问题："分号表示什么呢？""那小鸟背上有没有白点？没有，为什么还要写？""如果再加一个分号，可以再写什么？"启发学生概括出了从局部到整体、抓住事物特征的描写技巧。而后再训练学生用这样的方式描述老师的外貌以巩固新知。

平常我们强调培养学生的语感，而语感是抽象的，不好把握，在薛老师的引领下，语感的训练与形成变得具象化，学生模糊的感觉变成看得见、摸得着的技能训练。这样务实的设计挖掘了文本所蕴含的语言知识与技能的可操作性，训练语言的同时，提升了学生的概括与思维能力，大大提高了课堂教学的效率。

对教学要点的准确提炼、有效整合，考验的是为师者的文本解读功力与教学研究能力，这也是青年教师努力的方向。

二、变换角度，朗读中体验情感

无朗读，不语文。在薛老师的课堂上，朗读是贯穿始终的。美美地读，轻快地读，有感情地读……课堂上随处可见精彩的朗读指导与示范。当学生对文本表达的情感并无直接的生活体验做基础时，如何让学生感同身受，有感情地读好课文？薛老师给出了答案。在引导学生感受珍珠鸟对人逐步信赖的过程时，薛老师让学生试着变换人称，将自己当成珍珠鸟，将"它"换成"我"，换种角度来朗读课文，入情入境地体会珍珠鸟的心理活动与情感变化过程。"起先，我只在笼子四周活动，随后，我就在屋里飞来飞去，一会儿……"天真稚嫩的童声让现场观课者忍俊不禁。学生兴趣盎然又设身处地地体会到了小鸟与人之间细腻又美好的情感变化。

正如语文课程标准要求的那样：阅读是学生的个性化行为，不应以教师的分析来代替学生的阅读实践。让学生在灵活的朗读中，自然而然受到情感熏陶，有所感悟和思考，并享受到审美乐趣，需要的是教师匠心独运的教学智慧。

三、迁移练笔，运用中渐渐内化

"语文实践，最重要、最关键的是'用'。"特级教师朱敬本先生如是说。语言学家吕叔湘先生也一再强调使用语文是一种技能，只有通过不断的模仿和反复的实践才能养成。通常的阅读教学只是为阅读而阅读，极少用阅读来教写作，无法真正落实到语言表达上。其实，课文既是阅读材料，也是写作范本。

如何将珍珠鸟对人从完全不信任到彻底信赖的过程写具体？薛老师步步深入，引导学生发现了隐藏在语言文字背后的秘密：时间顺序、动作亲疏、距离远近。揣摩透写作技巧之后，薛老师顺势让学生练笔，写一写自己和老师从不认识到相识、熟悉，再到亲密的过程，学生自然跃跃欲试、得心应手。"起先，薛老师远远地站在讲台上给我们上课，一脸严肃。过了一会儿，老师……"在学生此起彼伏的讨论声中，语言表达技巧已悄悄内化，了然于心。

上海师范大学吴忠豪教授曾指出，语文课需根据每篇课文的特点明确本体性教学内容，然后围绕本体性教学内容的落实来组织教学。语文课有独特的课程特点，不应只关注课文说了什么，更多地应以课文为范例，引领学生关注怎么说，发现语言文字背后通篇布局与丰富表达的秘密，并组织对应的教学实践活动，巧妙地加以训练，为学生提供运用语言的机会和环境。薛老师的课无疑为我们作了一个很好的示范。在听说读写诸多教学活动中，当我们充分关注语文课程特点，充分整合语言训练点，充分激发学生的阅读与表达热情，让学生得到充分的练习与实践，发展学生的言语智能、提高其语文素养便是水到渠成的事了。

"学"与"练"并举，工具与人文统一

——观窦桂梅执教《再见了，亲人》

唐　玲

课堂节录

节录一

师：请跟老师一起写"亲"。

师：（出示课件演示"亲"字的演变过程）我们祖先看到枝叶繁茂，联想到是下面的树根给予的营养，从而创造了这个字，意指有血缘关系的人，比如爸爸、妈妈、爷爷……

师：我们称他们是——

生：亲人。（师再板书"人"，组成课题"亲人"。）

师：大家在课内、课外读过好多写亲人的文章，比如，五年级时学过的《奇迹的名字叫父亲》。能否结合你的体会谈谈你对亲人的独特感受？可长可短，一个词、一句话都可以。

……

师：下面让我们跨越国界，放眼世界，看看这两天报纸上登载的两张照片。（播放课件：现代国外战争中受苦的人们）

生：我看了这两张照片心里特别难受，觉得战争非常残酷。战争的残酷，体现在孩子的眼泪里。照片上，妈妈带着孩子背井离乡，战争使许多人无家可归。

……

节录二

师：（出示课件：忆亲人）让我们穿越时光隧道，回到几十年前的抗美援朝战争，一起回忆在这次著名的战争中，千千万万个感人故事中的一个镜头。（播放电影《英雄儿女》中王成与敌人同归于尽的片段，之后伴随打印的声音，黑底白字地出示如下文字：抗美援朝战争中，我国先后出兵130余万人。14万英烈的忠骨永远地留在了朝鲜的土地上。其中有：邱少云、黄继光、杨根思、毛岸英……）

……

师：1958年10月25号，最后一批志愿军回国。临别之际，他们握着手说（边说边和学生握手，语气较平静）——

生：再见了，亲人。

师：就要上火车了，他们握着手说（和另一个学生握手，语气稍微上扬）——

生：再见了，亲人。

师：志愿军登上了回国的列车，他们拉着手说（语气有些急切）——

生：再见了，亲人。

师：列车就要开动了，他们挥着手说（语气再急切点）——

生：再见了，亲人！

节录三

师：（出示课件：讲亲人）你们看，不同的国家，不同的民族，一个是朝鲜人民，一个是中国人民，却说他们是亲人。那可得讲一讲。你怎么理解这个"讲"字？

（学生发言）

师：正像你们讲的那样，不光是理解课文，还要把你看到、读到的故事变成自己的话有理有据地讲出来。下面就请你们默读课文，看看哪些字眼触动了你们情感的那根弦，哪句话语增添了你们心中的力量，一会儿讲给大家听。

师：先回忆一下，这篇课文一共讲了几个人物？围绕每个人讲了什么？（回答略。引导学生从整体把握课文，然后从具体细节入手。）

师：一会儿站起来给大家讲的时候，相信你们会侃侃而谈，说出的话掷地有声。

……

师：（出示课件：句式训练）刚才是具体地"讲"，现在要概括地"讲"，用下面的句式概括，注意用上刚才你们所讲的词句：为了志愿军，大娘（　　　　）；为了志愿军，小金花（　　　　）；为了志愿军，大嫂（　　　　）。

师：好，请变成一句话再概括地讲。（播放课件）为了志愿军，朝鲜人民（　　　　）。

生：为了志愿军，朝鲜人民不惜牺牲自己的生命。

生：为了志愿军，朝鲜人民失去了最宝贵的东西。

师：为什么朝鲜人民对我们这般感激？加上半句，请再概括地讲。（播放课件）为了朝鲜人民，志愿军（　　　　）；为了志愿军，朝鲜人民（　　　　）。

生：为了朝鲜人民，志愿军抛头颅洒热血；为了志愿军，朝鲜人民和志愿军浴血奋战。

生：为了朝鲜人民，志愿军付出了血的代价；为了志愿军，朝鲜人民不惜牺牲一切。

节录四

师：刚才你们讲的只是他们八年相处的点点滴滴。这样的故事，就是讲上三天三夜也讲不完。这一别真不知道什么时候再相见。列车就要开动了，千言万语只好化作"诵别"的深情。（出示课件：诵亲人）你们怎么理解这个"诵"字？

师：那就把刚才讲的感情送到你们的朗读中，用你们的心歌颂他们。

师：现在你们就是志愿军，你们想和谁告别就和谁告别。可以选择一段，也可以选择几句话。

（一男生读，改编教材，把文中的"老王"变成了"我"，真正进入了角色。）

师：是啊，听了你的安慰，小金花更坚强了。

师：（放课件：大娘照片）看，这就是当年报纸上登载的75岁的李大娘和战士张喜武挥泪告别的情景。回首往事，情更深，意更浓，谁想和大娘诵别？

生：（深情地）大娘，停住您送别的脚步吧！为了给我们缝补衣服……

师：你的诵别饱含着深情，可是年迈的大娘怎么忍心就此和亲人志愿军分手呢？我们只好请求她。谁来请求大娘？

（一生"请求"大娘，读得很动情。）

师：就是这样请求，也没能使大娘停下送别的脚步。她送了一程又一程，我们只好恳求大娘——

（一生恳求大娘，尤其是"大娘"一词由慢到快的诵读语气处理，感觉很有味道。）

师：可是，大娘的脚步仍然没有停住。为了让大娘回家休息，万般无奈，我们的战士只好哀求她——

（一生哀求大娘，连续强调了两次：大娘！大娘！……）

师：你不断地哀求大娘，可大娘还是不回去。没有办法，我们只好以军人的口气命令她。谁来命令大娘——以此来和志愿军分手呢？

（一生命令大娘，比如读"大娘"时语气很坚定。）

师：这命令中有不忍，也饱含着深情——是一种复杂的情感。谁再来试试？

（一生读出的感情很复杂。台下响起了掌声。）

节录五

师：所以，分别的时候，他们才这样难舍难分地倾诉——
生：再见了，亲人！（感情热烈）
师：登上了火车，他们仍然恋恋不舍地送别——
生：再见了，亲人！（感情难舍）
师：火车远远地去了，那声音仍在天空回荡——
生：再——见——了，亲——人——！（感情深沉，声音由近及远。）
师：（出示课件：别亲人）再见了，亲人——他们就这样依依分别。

（教师语气很慢，很动情，同时播放当时站台上真实的告别场景。）

师：列车就要离开了，志愿军们只好发出了最后的呼喊——

生：再见了，亲人！再见了，亲爱的土地！列车呀……

师：听着志愿军的话语，朝鲜人民会怎样告别？

生：再见了，亲人！再见了，亲爱的"志愿军"！

师：对！他们的心声和志愿军是一样的，只是称呼改变了。那就是——

生：再见了，亲人！再见了，亲爱的战士……（课件把课文后三个自然段中的几个称呼改动一下，创造性地使用教材。）

师：让我们永远铭记这声音！带着你刚才的体会，带着对志愿军和朝鲜人民深厚友谊的体会再来读读。

生：（深沉地）亲人！

生：（神圣地）亲人！

生：（热烈地）亲人！

生：（崇敬地）亲人！

观课悟道

《再见了，亲人》是一篇歌颂中朝人民友谊的抒情散文。窦老师在这节课中是如何为学生的生命奠基的，让我们一起来看看。

一、以"亲"挈领，贯穿始终

窦老师的这五个教学环节，以"亲"字起始，又以"亲"字收结，带领学生由《再见了，亲人》这篇文章，体验到了中朝人民的情谊从加深到浓厚，再到难以别离的整个过程。

第一步，解亲意。由"亲"字的含义，引出"亲人"二字，初步感悟亲人的含义。第二步，忆亲人。介绍本文背景，让学生对中朝人民互称"亲人"有一个初步的感受。第三步，讲亲人。引领学生走进文本，发现"亲人"在抗美援朝战争中的具体事例，从而对中朝人民之间的关系有更加深入的了解。通过这三步，中朝人民的情谊在学生的心中有了初步的积淀。带着这种心情，在第四步诵亲人中，老师通过让学生代入志愿军这一角色歌颂自己的"亲人"。在这一声又一声的诵读中，学生不断地深入文本，同时也越来越融入自己扮演的这个角色，沉淀的情感开始激荡。第五步，别亲人。如果前面的设计是为了加深学生对于中朝人民之间"亲人"般的关系的体悟，那么到了这个环节，学生作为"志愿军"已经积累了对朝鲜人民相当浓厚的情谊。所以，有什么比拥有这样的深情厚谊却要离别更让人难舍难分的呢？

正是这样的教学环节，让学生从头至尾地沉浸在中朝人民的深情厚谊之中。这样的设计不仅暗合作者写作的初衷，更契合了教材的编撰意图。

二、以读入境，寓讲于读

观此课，窦老师将"读"演绎得生机勃勃。教学中，窦老师没有简单地去读，更没有一对一地去追问，而是通过步步移境，将中朝人民之间深刻的情谊蕴含于"读"中，以读代问，以读促讲。

在诵亲人环节，窦老师将朗读分为五个层次：深情、请求、恳求、哀求、无奈下达命令。我们一起来看看窦老师精彩的朗读指导：

1.现在你们就是志愿军，你们想和谁告别就和谁告别。

2.可是年迈的大娘怎么忍心就此和亲人志愿军分手呢？我们只好请求她。

3.就是这样请求，也没能使大娘停下送别的脚步。她送了一程又一程，我们只好恳求大娘——

4.可是，大娘的脚步仍然没有停住。为了让大娘回家休息，万般无奈，我们的战士只好哀求她——

5.你不断地哀求大娘，可大娘还是不回去。没有办法，我们只好以军人的口气命令她。

从这里我们可以看到窦老师的朗读指导是非常符合当时志愿军的心理变化的。那深厚的情，在离别的时候不会一下涌出来，但随着一次又一次的辞别、送别，内心便被触动，无数的温暖回忆开始涌入脑海。学生正是在这一声声的诵读中逐步深入，在反复的诵读中，达到了"心入于境，情会于物"的境界。在这个环节，窦老师真正做到了"寓讲于读"。

三、以"练"贯穿，多措并举

窦老师的这堂课，不仅让学生在情感上得到了体验，也让学生的技能得到了充分的训练。

首先，是对表达能力的训练。从用一句话、一个词说说你对亲人的独特感受，到跨越国界，放眼世界，对战争中受苦人民图片的感想，都是对学生表达能力的训练。在"讲亲人"环节，窦老师引导学生抓关键词、抓细节、抓重点句，用自己的语言复述课文，这是训练学生表达能力的体现。

其次，是对概括能力的训练。在"讲亲人"环节，窦老师利用"为了朝鲜人民，志愿军（　　　　）；为了志愿军，朝鲜人民（　　　　）"的句式训练学生的概括能力。前面学生说的是零散的、长的感悟，当这样填空的形式出现，学生便只能用一句简短的话来表达，把长的感悟变短，甚至变成词，就是对学生概括能力的锻炼。

最后，是对朗读能力的训练。这体现在"诵亲人"环节中的五个层次的朗读中。

窦桂梅老师的这课堂，真正实现了语文工具性与人文性的统一，既让学生沉浸在中朝人民深情厚谊的情感中，又于无形中提升了他们的表达、朗读、概括等技能，实现了她着眼于人的整体发展而教的目标，达到了为学生生命奠基的教学境界。

删繁就简精设计，朴实无华自有味

——观余映潮执教《记承天寺夜游》

沈涵彬

课堂节录

节录一

（学生初读课文）

师：这是写"夜游"的短文，因此要读得宁静、舒缓。

（学生再读课文）

师：这次有进步，但最后一句读得不够深沉。被贬的人，在这样美好的环境中，心绪是宁静的，但他有感慨。（教师示范读最后一句）

（学生三读课文）

师：读出文言的味道。有的音节要拖一下，情感就出来了。我读三个地方你们听一听。（师深情范读）"念——无与为乐者""盖——竹柏影也""但——少闲人如吾两人者耳"。哪些字要拖音？

生：念、盖、但。

（学生模仿老师齐读课文）

师：这一次就读得像模像样了。有两个地方要读得快乐一点。"欣然"要读得快乐一点，还有哪个地方要读得快乐一点呢？

（学生认真看书思考）

生："遂至承天寺"的"遂"。

师："念无与为乐者"，很不快乐，一个人很孤独。"遂至承天寺寻张怀民"，"遂"意为快步走。有点意味，不错！我觉得还可以再找找。

生："水中藻、荇交横"的"交横"。

师：有种欣悦的感觉。"水中藻、荇交横"这么好的景色，让我的心也宁静了。好的，请坐。还有吗？

生："怀民亦未寝"的"亦"。作者一人夜游很孤单，便去找张怀民，如果怀民睡着了，他就会觉得更孤单。

师：他会觉得很扫兴，恰巧怀民也没睡，多让人高兴啊！（教师范读这一句，突出"亦"。）

师：我们一起综合性地读全文，读出宁静的感觉、欣悦的感觉、文言文的味道及最后一句深沉的感觉。

节录二

师：开始背诵。背书要讲规律，需要知道这篇文章的层次脉络。现在我告诉大家，这篇课文，别看它只有一段，其实可以分为两层、三层、四层。下面开始分析。

（学生认真阅读思考）

生：分四层。第一层"元丰六年"到"欣然起行"，（作者）想欣赏月色；第二层"念无与为乐者"到"相与步于中庭"，（内容是）找张怀民；第三层"庭下如积水空明"到"盖竹柏影也"，讲观察的景色；第四层是最后一句，抒发感慨。

师：言之成理。

生：分为两层。第一层从"元丰六年"到"盖竹柏影也"，主要讲赏月的情景；第二层从"何夜无月"到结尾，这是对赏月发表的感慨。

师：阐述得非常清楚！

生：我认为可分为三层。第一层为第一句，交代背景；二、三、四句为第二层，写夜游的情景；最后部分是第三层，是作者的感想。

师：好，请大家就这个同学三个层次的划法提出不同的见解。

生：第一层从"元丰六年"到"相与步于中庭"，这部分是缘由；第二层从"庭下如积水空明"到"盖竹柏影也"，为赏月的景色；剩下的部分为第三层，为感慨。

师：从表达方式上看，前一个同学的第一层是记叙，第二层是描写，第三层是抒情议论；而后一个同学三层的概括是可以的，背景与记叙情节的发展应该连在一起，再是景色的描写。所以，后一个同学三层的概括更为合理。

师：课文可以变形，一变形味道就出来了。这真是神品！一篇85个字的文章可以分成两层、三层甚至是四层。这样的变化让我们赞叹！

分两层——叙事、抒情。

分三层——记叙、描写、抒情。

分四层——起、承、转、合。事情的起因是"起"；发展是"承"；笔锋一转，一个特写镜头是"转"；"合"用抒情议论托起全文，收束全文。"合"是很有力量的，它依托于前面的叙述描写，但是带给我们的情感震撼是最大的，在全文的结构上起了重要的作用。

（学生齐背课文）

节录三

师：下面是"欣赏"环节。一次分析练习：一字之美，一词之美，一句之美，结构之美，层次之美，描写手法之美，表达方式之美，情感之美等等。

（学生思考）

生："庭下如积水空明，水中藻、荇交横，盖竹柏影也。"这个句子写得美。月光如积水空明，很……（教师补充：清澈、透明。）

师：这个地方写得太美了，有很好的画面感。

生："闲人"两字用得很好。字面意思是嘲弄自己很无聊，实际却是自豪。

师：自己无事在这欣赏月景，心情也是很好的，哪儿还有我们这样的闲人在这儿享受自然之美呢？

生：我也觉得"庭下如积水空明，水中藻、荇交横，盖竹柏影也"写得好。不仅写出月光的清幽、明澈，还能看出作者豁达、乐观向上的态度。

师：好！还写出了他内心的宁静。你看到了课文背后的含义。

生：最后一句"但少闲人如吾两人者耳"写得好，揭示了全文的主旨，还体现了作者夜晚漫步悠闲愉快的心情。

师：揭示了主旨，表达了心情。

生：我觉得"亦未寝"三个字写得好。说明了作者和张怀民的处境相同，突出了同是贬官之人郁郁寡欢的心情。

师："亦"字突出了找到朋友的喜悦。

生："欣然起行"的"欣然"用得好，作者有被贬官的失意，也有赏月的高兴心情。

师：还可以看出作者的孤独，看见月色好便起来，但没有朋友。写出他既高兴又孤独。

生：我觉得"遂至承天寺寻张怀民"的"遂"字用得好。苏轼被贬官后睡不着而赏月，想到无人与他交谈，所以才有了与怀民"步于中庭"。

师："遂"字写出作者直接去找张怀民，前面是"念无与为乐者"。

生：作者的表达方式很美，85个字既写出了被贬黄州的悲凉，又写出了赏月的欣喜。

师：这是表达的角度。文章的表达方式也是很丰富的，记叙、描写、抒情都有。现在谈的是表达的角度，本是不愉快的事情，但在这个时候表现出来的是愉快。

生：这篇文章表现了作者微妙的心情。"月色入户，欣然起行"传达出作者赏月的欣喜，"相与步于中庭"表达了作者的悠闲，"但少闲人如吾两人者耳"表达了作者对人生的感慨。

师：你分析了三处地方，都很好。在这篇短文中，作者的心绪极不宁静，而我们能够通过文字感受到作者起伏的心境，有悲凉、快乐、惆怅。

生：我觉得"何夜无月？何处无竹柏？"是作者在安慰自己，贬官后以乐观的心态去面对自己的困境，相信自己会成功。

师：对，这两个问句引出了后一个句子，如果用一般的叙说就没有这样深沉的感觉了。

（老师小结）

这篇文章玩味无穷。

美在篇幅的精短。一个完整的故事竟是用85个字表现出来的。

美在内容的丰满。用8个字来概括就是：一晚、一游、一景、一感。这么短的文章却有这么丰富、丰满的内容！

美在结构的灵动。一段文字居然可以分为两层、三层、四层。

美在月色的描写。"一笔两写"，既写了月光又写了地面的景色，却没有出现一个"月"字。月色的描写给我们宁静、澄澈、透明的感觉。

美在情感的波澜。高兴的感觉，寂寞之感，兴奋、淡淡的快乐，略有惆怅，赞叹、惊喜，更深层次的感慨。文中情感的波澜就是这样美丽。

美在"闲人"的意味。"闲人"可以理解为悠闲地欣赏美景的人；也可以理解为这个时候作者的内心很宁静；还可以理解为他的乐观和旷达，不为现在的境遇苦恼，而享受着自然的美景；同时也表现出一种惆怅的心境……"闲人"意味深长，怎么理解都很有意思。

这样一篇85个字的文章让我们品出了这么多美好的地方，神品！

观课悟道

现在的课堂很热闹，呈现的内容很丰富，音乐、舞蹈、书法、武术，吹拉弹唱，嬉笑怒骂不一而足。而余映潮老师所执教的这堂课，课堂设计删繁就简，朴实无华，却是一堂很有"语文味"的好课。

一、朗读入"味"

"故书不厌百回读，熟读深思子自知"，朗读，是语文教学的有效策略之一。余映潮老师在执教《记承天寺夜游》时，在指导学生的朗读上颇费功夫，设计富有层次性，层层深入，读出文章之基调、语言之缓急、情感之变化、作品之韵味。初读课文，余老师指导学生要读得宁静一点、舒缓一点，这样才符合文章的基调；再读课文，余老师要求学生将最后一句读"深沉"，突出"感慨"；三读课文，余老师要求学生读出语句的轻重缓急，引导学生将"念、盖、但"三字稍拖音，体现寂寞、兴奋之感及"感慨"之味；四读课文，余老师继续深挖，文中"欣然"要读得快乐一点，"怀民亦未寝"的"亦"字也要读得快乐一点，理解作者所表达的那一点淡淡的快乐，让学生体会文章的情感变化。余老师的朗读指导，巧妙地将朗读与文本理解融为一体。学生不仅要读出文章的音韵美、节奏美，还能品词论句，体会文中起伏的情感波澜，理解文本之味。

二、变形出"味"

好的活动，不仅能激发学生的探究兴趣，而且能引导学生体会文本的"味"。将文本变形，就是其中一种。虽然《记承天寺夜游》只有一段，余老师却说课文可以"变形"为二、三、四个部分。学生开始疑惑：以往的课文结构分析只有一种，这篇怎么可以分这么多种呢？毫无疑问，这种"变形"启迪了学生的思维。在余老师的引导下，学生准确地将课文分成两个部分：从"元丰六年十月十二日夜"至"盖竹柏影也"为叙事，最后三句是抒情，文章叙议相结合。学生恍然大悟，原来划分层次也可按表达方式进行。当余老师引导学生将课文分为三个部分时，学生的意见出现分歧。余老师让同学们对这些意见提出自己的看法。学生再读文本，深入揣摩，在教师的点评分析后，理解了从表达方式上还可以分为"记叙—描写—抒情议论"三部分。当课文分为四部分时，事情的起因是"起"，发展是"承"，一个特写镜头是"转"，"合"用抒情议论托起全文，收束全文。本堂课，余映潮老师的设计看似简单，却是别出心裁的思维能力训练。在余老师的"变形"训练中，学生透彻地理解了文章的结构，品出"绝世妙文"之味。

三、赏美品"味"

"审美属于阅读的艺术价值"，在语文教学中，教会学生审美，提高学生的审美能力，是语文教师的一项重要任务。余映潮老师执教《记承天寺夜游》时，让学生寻找课文中的"一点之美"，艺术地设计"主问题"，目的就在于实现文学艺术的审美价值。在余老师的引导下，有的学生找到了月色描写之美，有的学生体会到了"闲人"一词的复杂感情，有的学生分析出了"亦未寝"中的郁郁寡欢之情，有的学生理解了作者微妙的情感变化……在主问题的引领下，一处处细节之美被学生找出、分享。学生深入文本赏析美点，传统的教师"一言堂"的局面没有了，学生研讨式的课堂教学出现了，教师的讲解分析转变为学生的讨论、对话。当学生赏美品味火候已到，教师的小结就水到渠成：美在篇幅的精短，美在内容的丰满，美在结构的灵动，美在月色的描写，美在情感的波澜，美在"闲人"的意味。学生通过阅读作品，感受到文字的意蕴，获得了审美体验。

删繁就简精设计，朴实无华自有味。余映潮老师不仅带领学生品味蕴藏在文中的人生之"味"，更让学生真实地体验到真语文的朴实之"味"。

细品文字背后的情感

——观丁卫军执教《背影》

范　馨

节录一

师：同学们，今天我们一起学习朱自清的散文《背影》。下面来看大屏幕。

（课件出示）

祸不单行　满院狼藉　惨淡

（学生齐读。教师抽学生来解释词语。）

师：谁来说说朗读后的感受？

生：惨淡。

……

师：是的，老师读了以后感觉有一种说不出的沧桑感。作者为什么要写这篇文章呢？我们看大屏幕，看看作者自己是怎么说的。

（课件出示）

朱自清：我写《背影》，就因为文中所引的父亲来信的那句话。当时读了父亲的信，真的泪如泉涌。

师：是因为父亲的一封来信。作者所引的信中的那句话，在文中的哪里？请画出来。（学生圈画）大家一起读。（师深情范读）

师：身体平安，又何来膀子疼痛？只是"举箸提笔"之不便，又何来"大去之期不远"呢？父亲到底想和儿子说什么呢？

生：要儿子尽快回去看看他。

师：很有道理，作者读了这些以后，也是泪如泉涌。作者在文中是怎么写的，一起读读看。

生：（齐读）我读到此处，在晶莹的泪光中，又看见那肥胖的、青布棉袍黑布马褂的背影。

节录二

师：父亲"那肥胖的、青布棉袍黑布马褂的背影"一下子激起了作者对父亲的回忆，那"最不能忘记的背影"是在哪里看到的呢？文中是怎样具体描写的？请圈画出来，读一读。

（学生在文中圈画，自读。）

师：大多数同学画好了。请一位同学来读一读。

生：我看见他戴着黑布小帽，穿着黑布大马褂，深青布棉袍，蹒跚地走到铁道边，慢慢探身下去，尚不大难。可是他穿过铁道，要爬上那边月台，就不容易了。他用两手攀着上面，两脚再向上缩；他肥胖的身子向左微倾，显出努力的样子。这时我看见他的背影，我的泪很快地流下来了。

师：这位同学找得很准确。这是父亲在浦口车站为"我"买橘子时的背影。大家细细地读，进行圈画、批注，说说你关注了哪些词语，为什么？

生：我关注的是"蹒跚地走""慢慢探身"，这"蹒跚""慢慢"写出了父亲对儿子的爱。

师：从这两个形容词里怎么读出了父亲的爱呢？似乎还没读到词语的内部去。还有同学关注这两个词了吗？

生：蹒跚是指走路摇摆的样子。父亲年纪大了，又略显肥胖，所以腿脚不灵活，走路摇摆，动作缓慢，加上铁道边难走。尽管如此，父亲还是坚持去给儿子买橘子，这里面渗透着父亲的深爱。

师：很好。这样的品读，就读出了当时父亲买橘子时的情景和情感。

品析词句就要学习这样的方法，不能笼统地套。好，继续。

生：黑布、深青布，从这两个布字里，可以看到父亲当时生活的艰难。

师：不错，这位同学关注了父亲的外貌。好。我们来读读大屏幕上的内容，看看丁老师的修改，与你们关注的有哪些不一样。

（课件出示）

我看见他戴着小帽，穿着大马褂，棉袍，走到铁道边，探身下去，尚不大难。可是他穿过铁道，要爬上那边月台，就不容易了。他攀着上面，再向上缩；他身子向左微倾，显出努力的样子。

师：谁来说说？

生：老师读得更仔细。攀着上面的两手和向上缩的两脚，您给去掉了。

师：你读得也仔细哦。为什么不能去掉？

生：它们说明父亲很努力。

师：我们想象一下年老、肥胖的父亲当时的情况，感受到他真的已经用尽全力了。

生：还有外貌部分的"黑"字。从黑字中可以读到父亲在守孝，所以色彩灰暗。

师：小帽、棉袍、马褂可以说是当时男人的正装。可是父亲不顾这些，去为儿子买橘子，一门心思在儿子身上。父亲爬月台之艰难，甚至狼狈，都可以说是一种父爱的深沉。其实，这里的"背影"也被赋予了另一种深刻的象征意味，那就是父亲无休止的奔波和说不尽的辛劳的身世。

节录三

师：父亲"大去之期不远矣"，对作者而言不是一种将要到来的诀别吗？文章开头作者淡淡地说"我与父亲不相见已二年余了"，"不相见"是不能见，还是不愿见？我们来看一个资料。

（课件出示）

1915年，朱自清父亲包办朱自清婚姻，朱自清有怨言。父子生隙。

……

1925年，朱自清父亲写信给他：大约大去之期不远矣。朱自清在泪水中完成了《背影》。

——王君：《生之苦痛与爱之艰难——〈背影〉再读》

师：原来父亲来信的背后，遮遮掩掩之间，隐藏着父子之间的一场"情感战争"。大家想想，这封信，是父亲在干什么？对，是父亲在向儿子求和。这里是儿子胜利了吗？其实，没有什么胜者和败者。作者读到信泪如泉涌，是一种什么情感？

生：对父亲的理解。

师：对，父亲能主动求和，"我"这个做儿子的却不能。真的要等到"子欲孝而亲不待"吗？再来看资料。

（课件出示）

朱自清是怀着羞愧、伤悲、感恩等复杂的情感写作《背影》的，作者写《背影》其实用情极深、用力极猛。短短一篇《背影》里有悠长的朱自清的生活史、情感史、思想史。《背影》背后的故事更让我们看到了人性中真实的一面。作者的忏悔是很沉重的，沉重到每思及此，就流下眼泪。

——倪文尖：《〈背影〉何以成为经典？》

师：八年之后，作者也已为人父了。重新看父亲的时候，作者就多了一份理解。请一位同学读第七小节的开头部分。

生：近几年来，父亲和我都是东奔西走，……惦记着他的儿子。

师：除了教材的旁批（"老境"和两个"惦记"），还应体会两个"自然"的意味。与父亲的恩怨，只是淡淡地一笔"他待我渐渐不同往日"，笔法含蓄、简约。写得多的还是对父亲老境的那种隐隐的痛以及对父亲的爱。所以作者最后说了什么？齐读最后一句！

生：唉！我不知何时再能与他相见！

师：你读出了什么？

生：两个感叹号，饱含作者想见父亲的深情。

师：从不相见到何时才能相见。一声叹息，两个感叹。说不完的别离，言不尽的沧桑。所以读《背影》要结合当时的社会和家庭背景来读，看大屏幕。

（课件出示）

《背影》所传达出来的"沧桑感"是沉重的，它潜隐在作品的字里行间。《背影》写的是一个时代和家庭的"大背景"下的人物的"小背影"。

——陈日亮：《〈背影〉里你读出多少"背影"》

师：1928年朱自清的父亲读到了这篇文章。据朱自清的弟弟朱国华回忆说，当父亲一字一句读完《背影》时，他的手不住地颤抖，昏黄的眼珠好像猛然放射出光彩。父子和解了。

师：这篇文章就读到这里，也许我们真正读懂还要等我们为人父母之后。台湾作家龙应台这样说——

（课件出示）

我慢慢地、慢慢地了解到，所谓父女母子一场，只不过意味着，你和他的缘分就是今生今世不断地在目送他的背影渐行渐远。你站立在小路的这一端，看着他逐渐消失在小路转弯的地方，而且，他用背影默默告诉你：不必追。

——龙应台：《目送》

师：建议大家课后读一读龙应台的散文集《目送》，或许会帮助你们读懂《背影》。下课！

观课悟道

《背影》是一篇散文，由于散文具有形散神聚、意境深邃等特点，故教散文较难的地方就是让学生体会作者要表达的情感。丁卫军老师曾提出"走向文本内在的丰富和诗意"的教学观点。这堂课正如他所提倡的，带领学生体悟出了作者隐藏在文字背后真挚而有点矛盾的父子情感，现择一二说之。

一、字词引路，表情达意

叶圣陶先生说"凡是学习语言文字如不着眼于形式方面，只在内容上去寻求结果是劳力多而收获少"，这启示我们引导学生体会文章思想感情的同时，还要让学生反复揣摩语言，体会表达效果。一叶落而知天下秋，从文眼而感整篇文。

字词引路首先体现在导入，丁卫军老师回归文本，节选了《背影》中几组有代表性的词语让学生释义后说说自己的感受。这些词语奠定了作品的感情基调，正如丁老师所提倡的教学观点——情感铺垫，顺势而为。

其次体现在细品原文，丁老师以点带面，以关键字词为切入点，循序渐进且带有目的性地引出中心思想；由表及里，带着学生透过文字看出其蕴含的真情，扣人心弦。当老师提出"细细地读，进行圈画、批注，说说你关注了哪些词语，为什么？"，学生回答"我关注的是'蹒跚地走''慢慢探身'，这'蹒跚''慢慢'写出了父亲对儿子的爱"，丁老师顺势进一步挖掘、引导，直到学生回答"蹒跚是指走路摇摆的样子。父亲年纪大了，又略显肥胖，所以腿脚不灵活……尽管如此，父亲还是坚持去给儿子买橘子，这里面渗透着父亲的深爱"，丁老师才说道："很好。……品析词句就要学习这样的方法，不能笼统地套。"对于通过字词引领文章的感悟，不同的引导方式就会带学生走入不同层次的感受，然而想要深层次地体悟，必须从一个个字词着手，应该引导学生从情感的角度、广度、深度去理解。这一点带给我们的启发是多样的，很多时候我们需要为学生建立纽带，让他们同教师对话，同文本对话。

二、矛盾交织，品情悟意

丁老师很擅长在矛盾凸显中带领学生解读课文，体悟真情。

如节录一中"父亲"在给朱自清的信中说道："我身体平安，惟膀子疼痛厉害，举箸提笔，诸多不便，大约大去之期不远矣。"丁老师提出疑问："身体平安，又何来膀子疼痛？只是'举箸提笔'之不便，又何来'大去之期不远'呢？"在丁老师的提问之下，同学们很快感受到父亲想见儿子的心情。

节录二中父亲穿着正装不太适合爬月台，但是他爬了，故丁老师抓住这个矛盾点说道："小帽、棉袍、马褂可以说是当时男人的正装。可是父亲不顾这些，去为儿子买橘子，一门心思在儿子身上。"

节录三中丁老师发出疑问："'父亲'大去之期不远矣，对作者而言不是一种将要到来的诀别吗？文章开头作者淡淡地说'我与父亲不相见已二年余了'，'不相见'是不能见，还是不愿见？"

丁老师抓住了文中以上矛盾点激活学生思维，效果显著。

三、材料介入，明情理意

传统的教学过程离不开知人论世这个步骤，教师通常在课堂的开端就给学生介绍时代背景。这样的方式固然有可取之处，但是在品读课文之前介绍背景容易给学生留下先入为主的印象。

丁卫军老师在挖掘了词语蕴藏的情感之后，再补充几位名家对《背影》的解读。此法不落窠臼，补充的材料该出场时再出场，有效地帮助学生明情理意。

补充王君老师的材料，让学生了解朱自清和父亲之间产生的隔阂以及父亲给朱自清写信的缘由，体会作者对父亲的埋怨、理解和愧疚，由此感受到朱自清对父亲的爱之浓烈。

补充倪文尖老师的材料，让学生更直观地理解朱自清作品背后蕴藏的忏悔之情，使学生明白作者与父亲和解的表现以及对父亲渐老的担忧。

补充陈日亮老师的解读，是一种升华，引导学生将小人物的情感渐变与家庭和时代联系起来探究。

课堂收尾的时候，丁老师建议学生读一读龙应台的散文集《目送》，这是从课文的"知"到课外文章的"悟"。

这堂课不繁琐，教师先带领学生读懂课文，然后补充材料，激发他们产生情感共鸣乃至不一样的生活体验，课堂由入格到升格。一堂好课正应如此。

步步为营，披文入情

——观王君执教《湖心亭看雪》

蒋　杰

课堂节录

节录一

（投影展示）

崇祯五年十二月，余住西湖。大雪三日，湖中人鸟声俱绝。是日更定矣，余拏一小舟，拥毳衣炉火，独往湖心亭看雪。

（师指导生朗读这三句）

师：从这三句中，你看出张岱有什么异常行为？

生：他居然在大雪三日之后的晚上跑去看雪，太不可思议了！

师：古人以三为多，大雪三日就是大雪多日。来，有感情地、夸张地读一遍。

（生动情读，师引导生夸张地读"大""三""绝"三字。）

师：文中"湖中人鸟声俱绝"为何意？请用一个成语来替代。

生：万籁俱寂。

师："绝"的仅仅是"声音"吗？还有哪些东西也消失了？

生：湖上白茫茫一片，白得刺人眼，人呵出的气都被凝固了，空气冰凉。

师：哦。色彩、温暖都消失了。

生：所有的生机和活力也消失了。

师：我来采访一下同学们，在这样天寒地冻的天气里，你会在家干什么？

……

　　师：可张岱做了什么呢？请读出来。

　　（生读"独往湖心亭看雪"一句）

　　师：他冷吗？

　　生：冷！

　　师：何以见得？

　　生：拥。

　　师：为啥不用"穿"或者"披"呢？

　　生："拥"说明衣服很厚。

　　生："拥"还说明他把炉火抱在怀中，冷得很。

　　师：看来，张岱也怕冷！他到湖心亭之后发现居然还有另外两个痴人！见到张岱，痴人很是激动。来，把他们的激动朗读出来。

　　（课件出示）

　　到亭上，有两人铺毡对坐，一童子烧酒，炉正沸。见余大喜，曰："湖中焉得更有此人！"拉余同饮。余强饮三大白而别。问其姓氏，是金陵人，客此。

　　（师辅导学生反复朗读"见余大喜，曰"一句）

　　师：我听出了欣喜和自豪。以"痴人"身份体会"湖中焉得更有此人"的言外之意。以"湖中居然有此＿＿人"的句式或者"我们都是＿＿人"的句式说说看。

　　生：我们都是有高雅情趣的人！

　　生：湖中居然有此志同道合之人！

　　生：湖中居然有此超凡脱俗之人！

　　生：我等皆醉翁之意不在酒，也不全然在乎冰天雪地间也！（全班同学鼓掌）

　　生：我们都是超人！（众笑）……

　　师：张岱曾说"人无癖，不可与之交，以其无真情也；人无疵，不可与之交，以其无真气也"，这两个金陵客超凡脱俗，他们有可能成为知己吗？

（课件出示）

张岱巧遇金陵客，他也和金陵客一样满心欢喜吗？

生：我觉得他是满心欢喜的，因为他强饮了"三大杯"。喝得多说明心情愉快。（众笑）

师：分析得好！这个"大"咀嚼得有意思！

生：我认为他并不欢喜。他是被金陵客"拉"着饮酒的，并不是很情愿。

师：再分析一下这个"拉"字。

生：他并不愿意饮酒。否则，他会主动进入酒局。

师：品得好！

生：而且他是"强饮三大杯"，从这个"强"字中，我看出他有些勉强。

师：不管是"勉强"还是"努力"，其中滋味都值得咀嚼。

生：我也认为他并不欣喜。你看，他是"强饮三大杯而别"，喝完就走人了。

师：真聪明。如果欣喜，应该酒逢知己千杯少，会须一饮三百杯。

生：我也认为他不是很快乐，因为他们是不同性格的人。

师：这个发现很珍贵。刚才我们都说张岱和金陵客皆高雅脱俗之人，你为何觉得他们性格不同呢？

生：他们看雪的方式不一样。张岱是独行，金陵客约了朋友，带了酒，烧着火，把湖心亭搞得热气腾腾的。

生：金陵客比较豪爽，张岱比较忧郁。

师：你咬文嚼字出了新境界了！（众笑）

生：他们之间并不和谐。你看，分别时，他们答非所问。

师：来，体会一下这句答非所问。假设这四排同学是张岱，这三排同学是金陵客，我们来分角色读一读"问其姓氏，乃金陵人"一句。

（生分角色读，恍然大悟。）

节录二

师：景语和情语之间息息相通，现在，就让我们去研究痴人眼中之景，进一步去探寻张岱的心灵世界。

（课件出示，师指导学生朗读。）

雾凇沆砀，天与云与山与水，上下一白。湖上影子，惟长堤一痕，湖心亭一点，与余舟一芥，舟中人两三粒而已。

师：这幅雪景，有什么特别之处？

生：我感觉第一句给人苍茫的感觉。

师：是吗？但我觉得这句有问题。你看"天与云与山与水"，开头我们还说张岱作文惜墨如金呢，这里居然连用了三个"与"，我看一个不用也行。

生：不行，老师。

师：为什么不行？你看我读。（师去掉三个"与"，很认真地读了。）我们对比着再读一读，先去掉"与"读一遍，然后再把原文读一遍。（生对比着读了一遍）

生：哦，这三个"与"并不多余，它让"天、云、山、水"四个景物融合在一起，如果去掉，好像它们之间的界限很清楚似的。

生：三个"与"字造就了一种天地苍茫的浩大气象。有这三个"与"，后文的"上下一白"才显得更有气势。

师：来，读出天地苍茫的景象。

（师指导学生拖长音调读，读出韵味。）

生：我觉得文中的量词用得很怪，和平时的用法不一样。

师：有同感。如果我这样写："惟长堤一条，湖心亭一座，与余舟一艘，舟中人两三粒而已"，你认为如何？

生：我觉得作者就是想把后面的景物写小，和前面的"上下一白"形成鲜明对比。

师：我觉得不仅是量词有问题，顺序也有问题，如果我来写就会这样安排："湖上影子，惟舟中人两三个、余舟一艘、湖心亭一座、长堤一条"，你看，越来越清晰，符合人的心理要求嘛！

生：不好，味道全没有了。

师：啥味道？

生：作者要把自己融进苍茫宇宙的味道。

师："融进"这个词用得妙！张岱和舟子不是在船上吗？他怎么说自己和舟子是"舟中人两三粒"呢？这视角不对啊！

师：咱们读读最后一句，把"而已"的味道读出来。（生反复读"舟中人两三粒"，师指导"而已"的读法，去掉再读，看看效果。）

师：感受到"而已"的言外之意了吗？

生：景、人，不过是沧海一粟。在苍茫天地中，他们都似有似无，"天人合一"了！（师生热烈鼓掌）

师：真是一语惊醒梦中人，原来痴人眼中有痴景，是因为"天人合一"。如此一来，张岱是怎么定位自己与自然、与世俗社会的关系的呢？

生：他不想见人，也不希望被人见到。

师：哦，他和金陵客交往的不和谐有了答案。他和自然的关系呢？

生：他希望融入自然，成为自然的一部分。

师：那个"独"与"两三"之间的矛盾，是张岱数不清人数吗？

生：不！那是因为他"眼中无人"，知音尚且不顾，何况舟子？（生鼓掌）

师：那他眼中只有什么呢？

生：只有他的心，只有自然，他是属于自然的。

师：同学们一点拨，老师懂了。当然，古代社会等级森严，"舟子"是可以不算作人的。诗人心中有春天，他笔下的西湖就春意盎然；诗人心中有柔情，他笔下的西湖就温柔缠绵。张岱笔下的西湖如此冷清、浩大、朦胧、孤独、纯洁，这又是为什么呢？请看大屏幕，看完后思考：50多岁的张岱会以什么样的心情回忆20多年前夜游西湖的旧事，会把什么样的情感注入文字中呢？

观课悟道

青春语文的倡导者——王君老师，着力研究通过语言文字的学习探索生命的幸福之道。在执教《湖心亭看雪》时，王君老师通过节录一"咬文嚼字论痴行"、节录二"咬文嚼字赏痴情"两个主要活动，"从语言出发，再回到语言"（吕叔湘语），带领学生探究了张岱的"痴心"，体现了王老师青春语文的教学特色。

一、以"问"为切入点，引爆学生思维

在语文课堂教学中，师生对话活动是否有效，往往取决于"问"的质量的高低。王君老师是课堂设问的高手，在执教《湖心亭看雪》一文时，以"问"为切入点，激活学生思维，推动课堂教学向前发展。在"咬文嚼字论痴行"活动的起始环节有这样一组提问："从这三句中，你看出张岱有什么异常行为？""文中'湖中人鸟声俱绝'为何意？请用一个成语来替代""'绝'的仅仅是'声音'吗？还有哪些东西也消失了？""在这样天寒地冻的天气里，你会在家干什么？""可张岱做了什么呢？"认真分析这一组提问，我们可以发现：王君老师善于在文本的矛盾处设疑，并以此为切入点，激发学生的思维，打开一扇通往作者内心世界的窗户；同时，王君老师的问题设置讲究"有序"，无论是让情景引发问题，还是让问题引发问题，都做到步步为营，引爆学生思维，使课堂教学的师生对话、生生对话，以及与文本对话的有效性得以实现。

二、以"读"为主旋律，引导学生入文

诵读外在的表现为朗读、吟读、背诵，内在的表现却是一种复杂的心理过程，是一个机智探索、情感体验的过程。王君老师执教《湖心亭看雪》一课，"读"贯穿其间，学生"徜徉在语言之旅"（海德格尔语）。在"读"这一环节的处理上，王君老师富有智慧：一是以读激趣，如为了让学生理解"天与云与山与水"一句中三个"与"字的妙处，她去掉三个"与"字

且很认真地读给学生听，然后让学生先去掉"与"字读一遍，再把原文读一遍，这三次朗读，看似普通，却作用明显，不仅激起了学生阅读文本的兴趣，而且激发学生思考并懂得了"与"字的妙处："这三个'与'并不多余，它让'天、云、山、水'四个景物融合在一起，如果去掉，好像它们之间的界限很清楚似的""三个'与'字造就了一种天地苍茫的浩大气象。有这三个'与'，后文的'上下一白'才显得更有气势"。二是以读赏言，即从语言（字、词、句）中找趣味点，挖掘暗含在文字背后的意蕴，如王君老师通过引导学生朗读引出对"拉"字的赏析：从"拉"字中看出张岱并不是非常愿意饮酒，否则，他就会自己主动进入酒局了。

三、以"品"为载体，带领学生悟情

王君老师说："任何文本都是由一个一个的词语构成的。关注词语，沉入词语，培养自己对词语的敏感是第一要务。在词语里出生入死，这是文本解读的关键手法。"在课堂教学中，王君老师也是这样做的。在执教《湖心亭看雪》时，王君老师始终紧扣字、词、句，引导学生根据语言捕捉作者在文章中表达的意向，披文入情，循文入义，在"品"的活动中带领学生走进张岱的内心世界。在节录二中，王君老师抓住"而已"两字进行设疑，通过指导学生读原句与去掉"而已"两字后读进行比较，学生"品"出了文字背后的意味："景、人，不过是沧海一粟。在苍茫天地中，他们都似有似无，'天人合一'了""他希望融入自然，成为自然的一部分"，接着再着眼于"独"与"两三"之间的矛盾进行品析，带领学生感受到了张岱的内心世界："知音尚且不顾，何况舟子？""'舟子'这样的仆人是可以不算人的，在张岱的眼中，"只有他的心，只有自然，他是属于自然的"。王君老师以"品"为载体，带领学生悟情，正与刘勰《文心雕龙·知音》中"夫缀文者情动而辞发，观文者披文以入情，沿波讨源，虽幽必显"的观点相一致。

看文言文教学的"三点"

——观赵谦翔执教《曹刿论战》

唐忠玉

课堂节录

节录一

师：各位老师、各位同学，大家好！非常感谢大家给我这个机会让我再上一堂语文课。我肯定不是语文教得最好的教师，但我相信我一定是中国最爱教语文的教师。《曹刿论战》这篇文章你们学过了，孔子说：温故而知新——

生：可以为师矣。

师：宋朝有两位教育家、思想家，他们不约而同地提出这样一个观点：熟读精思。苏东坡说：故书不厌百回读，熟读深思子自知。而朱熹则这样说，大家一起来读一读。

生：（齐读）朱熹读书法：熟读，使其言皆若出于吾之口；精思，使其意皆若出于吾之心。

师：熟读精思，朱熹与苏东坡是不谋而合。朱熹则把熟读精思的标准细化了。熟读，就是经典文章中的语言好像从你的嘴里说出来一样；精思，就是经典文章中的意好像从你的心里说出来一样。做到这两条，这篇文章就不是原作者的了，就是——

生：自己的了。

师：像这样的经典文章能够背诵几十篇、上百篇，阅读能力、写作能力自然就上一个台阶了。今天我们就来实验一下，两节课以后，同学们把文章背下来。

节录二

1.正音诵读。

师：同学们一起来读，"《曹刿论战》……"

（生齐读全文）

师：大家第一遍读得不错，再来一次，读快一点。"十年春，齐师伐我……"

（生快读全文）

师：大家读得也不错，下面我们释义诵读。

节录三

2.释义诵读。

师：我们先看红色字的意思。"肉食者"是什么意思？

生：位高禄厚的人。

师：这里强调的是地位。"间"是什么意思？

生：参与。

师："间"的本义是什么？（板书"间"的简体与繁体字）

师："间"的繁体字有两扇门，中间原是个"月"字，因门有缝隙，所以月光进来了，"间"的本义就是缝隙。因为有缝隙你才能参与进去。再看，"鄙"——

生：鄙陋，目光短浅。

师：对！卑鄙指道德低下，反义词是高贵；鄙陋指目光短浅，反义词是远见卓识。再看，"何以"——

生：凭什么。

师：就是"以何"，我们现在说"以何战"，凭什么作战，古人说"何以战"，"何"前置了。下一个，"小惠未徧"，"惠"——

生：恩惠。

师：好。下一个，"牺牲"——

生：祭祀用的牛羊。

师：（板书"牺牲"两字）祭祀用的牛羊，所以"牺"有牛，"牲"有牛，牛羊猪都有的叫"太牢"，三样缺一样的叫"少牢"。再看，"小大之狱，虽不能察"，（在黑板上板书"察"字）这边是——

生：夕？

师：夕吗？不是夕，夕是晚上，这是一块肉，这边是手，底下"示"是神灵的牌位。在一个房子里，一个人拿一块肉献给神灵。既然相信神灵会保佑自己，那么牛羊猪就一样也不能少，一样一样得弄清楚……"小大之狱，虽不能察"的"察"是——

生：弄清楚。

师：对，弄清楚，就是从"牺牲"这里来的。还有个成语"明察秋毫"，明是明亮，视力；察是看清楚；秋毫是秋天鸟兽身上的细毛。（加重语气，提醒注意）跟这个"查"根本不一样。再看"小信未孚"的"孚"——

生：为人所信服。

师：现在一般不用这个词，但有一个词"深孚众望"（板书），意思是深深地为众人所信任，这是褒义词；"深负众望"，意思是深深地辜负了众人的希望。再看"神弗福也"中的"福"——

生：赐福。

师：原来是名词，赐福是动词，说保佑也可以。"小大之狱"的"狱"是——

生：案件。

师：是案件。"必以情"的"情"是——

生：实情。

师：是实情，不是感情。有地震了，要了解——

生：灾情。

师：上级到地方去调查——

生：民情。

师：是考察老百姓的实情，不是考察老百姓的感情。"公将鼓之"，鼓是名词，在这里是——

生：动词，击鼓。

师：击鼓进军。退军是——

生：鸣金。

师："齐师败绩"，败是失败，"绩"是——

生：战绩。

师：（在黑板上板书）绩是绞丝（旁），凡是绞丝（旁）的字，不是绳子就是绸子，这里就是绳子，古人把麻、丝拧成线，纺线的过程就是"绩"，也叫"纺绩"，有纺绩就说明出成果了，所以这个"绩"就当"业绩、功绩"讲，在这里就当战绩讲，"败绩"就是战绩败了。再看"登轼而望之"，轼，车前的横木。"既克"，"克"是——

生：战胜。

师：现在有个词叫作"攻无不克，战无不胜"，"克"就是战胜。

师："一鼓作气，再而衰"，"再"是——

生：第二次。

师：再，或者是两次，基数词；或者是第二次，序数词。不是现在的一次完了再一次，第一百零一次也是再一次。"望其旗靡""靡"是——

生：倒下。

师："靡"上有个麻字，如麻般散乱地倒下，说明败了。"望风披靡"，披就是披散，靡是散乱地倒下，就是败了。这样我们就不必逐句地翻译全文了，关键词理解了，读熟了，自然就理解全文了。

节录四

3.提示诵读。

（十年……公……其乡……刿曰……乃……战则请从。）

（生自读，准备。）

师：一起来一遍，开始慢一点，"十年春……"

（生试背）

师：可以，再来一遍，稍快一点。

（生再次试背，稍快。）

师：这一段比较长，稍微难背一点。再来一遍，稍微快一点。

（生第三、四次试背，稍快。）

（公与之乘……公将……刿曰……遂逐齐师。

既克……对曰……故逐之。）

（生自读，准备。）

师：好，一起来。"公与之乘"，开始！

（生试背）

师：再来一遍。稍快一点。

（生再背）

节录五

4.精思解读。

师：思什么？一是思想内容，二是艺术手法。我们思这篇课文的写作艺术。怎么思呢？用四个字最恰当地概括每一段的内容。

（生齐读第一段。生自行概括，师巡回指导。）

生：曹刿请见。

生：曹刿入见。

生：曹刿进见。

生：曹刿谋政。

师：这四个词中我们可以先去掉哪一个？

生：曹刿谋政。

师：对，现在还没战，不是谋政。然后再去掉哪一个？曹刿进见，这是臣子的请求，曹刿是乡人。入见跟进见也差不多。最好的是曹刿请见。但要改一个字。文章标题是"曹刿论战"，因为"齐师伐我"了，所以曹刿应该是请战。

（生齐读第二段）

师：这一段怎么概括？

生：曹刿论战。

师：后面还有论战的呢？

生：战前论战，战后论战。

师：标题是"曹刿论战"，战前论战、战后论战，全文四个自然段，222个字，两段论战，这就是文章的重点。同学们写作文，就要抓住中心、抓住重点来写。有的同学写文章忘记写标题，扣两分，他们没当回事。标题是文章的眼睛，眼睛是心灵的窗户，通过标题这个文章心灵的窗户，我们就可以窥见文章内容和主要思想。

（生齐读第三段）

师：这一段怎么概括？

生：曹刿参战。

师：文章标题是"曹刿论战"，第一段是曹刿请战，第二段是战前论战，第四段是战后论战，第三段就是曹刿参战。

……

观课悟道

赵谦翔老师是绿色语文的倡导者，他的绿色文言教学是一种文言"语感"教学，让学生在诵读中得到真切的语感体验。古语云：读书法，有三到，心眼口，信皆要。赵老师引导学生"眼到""口到""心到"，运用各种方法帮助学生诵读。而"熟读精思"之法，就是对古代诗文诵读学习精炼而又经典的概括。《曹刿论战》一课，就集中体现了赵谦翔老师绿色文言教学的精髓：熟读精思。

一、回归语言学习的原点——熟读练语感

熟读唐诗三百首，不会吟诗也会吟。众所周知，人最初的语言能力，就是在大量的听、说操练中得来的。开始是爸妈说，婴儿听，然后婴儿学舌、跟着说，慢慢的，婴儿可以自己发音说出想说的话了。日常生活中，不懂何为主语、何为谓语的"文盲"也能说一口标准、流畅的普通话，就是因为听多了，语感自然而然就来了。在本节课上，赵老师以读贯穿整个

过程：正音诵读，读准字音和节奏；释义诵读，理解重点字词，加深对文意的理解；提示诵读，抓住关键字词，反复诵读，流利背诵。每次都是先正常节奏读，然后快节奏读，"之乎者也"的文言语感，就在这样的强化诵读中熏陶养成。不难看出，这样的诵读安排由浅入深，层层递进，别具匠心。

二、激发课堂教学的热点——博识动人心

赵老师说自己是"天生一笨鸟，独钟杏坛好"，五年时间恶补学业，"举手为案，漫步当椅""俄语温故知新，《离骚》背诵如流"。他的博识表现在课堂上就是体察入微，挥洒自如。一是以《论语》中孔子所说"温故而知新"的话消除同学们对再上学过的课文的疲倦感，又用苏东坡"故书不厌百回读"和朱熹"熟读精思"的观点激发学生再学习的兴趣，再三强调朱熹"熟读，使其言皆若出于吾之口；精思，使其意皆若出于吾之心"的标准，激起同学们学习文言的豪情。二是以幽默的语气、讲故事的方式讲解重点字词，诙谐中引人入胜。如赵老师从关键字词的本义讲起，引导同学们追根溯源，乐在其中。"齐师败绩"中的"败绩"，课本上的注释为大败，至于"绩"字该如何理解，课文中没有提到。赵老师从"绩"的构字法说起："绩"是绞丝（旁），凡是绞丝（旁）的字，不是绳子就是绸子，这里就是绳子，古人把麻、丝拧成线，纺线的过程就是"绩"，也叫"纺绩"，有纺绩就说明出成果了，所以这个"绩"就当"业绩、功绩"讲，在这里就当战绩讲，"败绩"就是战绩败了。理解深入了，同学们的文言语感也增强了。三是以清晰的逻辑思维进行引导，如抓住关键字词提示诵读，理清同学们的思路，读了上句，下句自然而然就来了，背诵全文就不是难事了。

三、回升文言运用的拐点——精思练文才

学文言不仅是为了得到知识，更重要的是在于运用。赵老师认为，只有经常动笔，与汉字朝亲暮近，耳鬓斯磨，"零距离接触"，使自己对母语永葆敏感的嗅觉、鲜活的触觉，在写作中才能得心应手，游刃有余。课堂上，赵老师先引导同学们用四个字概括每段的大意，了解课文的谋篇布局，

再讲课文遣词用字的匠心。概括第一段的段意时，同学们提出了四个词语：曹刿请见，曹刿入见，曹刿进见，曹刿谋政。赵老师问"我们可以先去掉哪一个"，同学们建议去掉"曹刿谋政"，赵老师说："对，现在还没战，不是谋政。然后再去掉哪一个？曹刿进见，这是臣子的请求，曹刿是乡人。入见跟进见也差不多。最好的是曹刿请见。但要改一个字。文章标题是'曹刿论战'，因为'齐师伐我'了，所以曹刿应该是请战。"在这样的深思熟虑中，学生的文才就这样慢慢练出来了。

　　赵老师的学生高倩说：文言文永远具有它独特的魅力，只有多诵多记，详细研读，才能体会其中的真意。临渊羡鱼，不如退而结网。绿色文言教学，深入人心又任重道远。

紧扣"三点"，构建文言文原生态课堂

——观张玉新执教《赤壁赋》

唐　蓉

课堂节录

节录一

师：今天，我和大家一起学习《赤壁赋》。依据同学们的第三个建议：深度探讨。我们先来尝试着背第一段。

（生背诵）

师：那位女同学，你知道《记承天寺夜游》是哪年写的吗？

生：永和九年。

师：永和九年？你一下把苏东坡的年龄提高了好几百岁。这苏东坡倒是很高兴啊。（走向一同学）你知道吗？

生：元丰六年。

师：《念奴娇·赤壁怀古》还记得吗？与这篇赋是同一时间写的。这时苏东坡被贬到了哪里呀？

生：黄州！

师：他因为什么被贬？

生：乌台诗案。

师：在"乌台诗案"之后被贬到了这里。那个小伙子，你说他此时的心情怎么样？

生：他被贬，一个是报国无门，所以说——

师：先不扣大帽子，就说他的心情怎么样？

生：抑郁，悲愤。

师：从这篇"赋"中，能不能看出他这样的情绪？

生：我觉得在后文中体现出了他的这种情绪。

师：你认为第一段肯定没有表现出他的这种情绪。好，看第二段。齐读，"于是"一二！

（生齐读）

师：这个段落有没有体现出什么情绪？这个小伙子，请你说说。

生：从"泣孤舟之嫠妇"可以看出来。

师：只有从这一点能看出来吗？

生：从"客有吹洞箫者"可以看出来。

师：从"客有吹洞箫者"就开始了。那在这之前，苏东坡在干什么？

生：喝酒。

师：喝酒，吟诗。这说明了什么？

生：很快乐。

师：他又说很快乐，为什么喝酒、吟诗那么快乐？不是吟诗，是作歌，"桂棹兮兰桨"。为什么箫还是"倚歌而和之"就变悲了呢？

生：他的歌里面有很多有代表性的意象，比如香草和美人，与屈原《离骚》里面的意象是一样的。美人的意象，代表的就是一个明君，但因为"乌台诗案"，他不被明君赏识，所以他的心情就由"喜"转"悲"。

师：你的意思是说苏东坡在唱歌的时候是话里有话的，虽然看着美景，但寄托的是自己的情怀，于是客人的洞箫就变得——

生：很悲凉。

师：客人在吹箫前，文中是怎么说的？

生：倚歌而和之。

师：对，"倚""和"，它完全是倚着苏东坡的歌和曲子，那么，这种悲是来自箫声自然的悲，还是他揣摩到了苏东坡歌中的言外之意？

生：应该是他揣摩到了苏东坡歌中的那种悲意，所以，他才会演奏得那么悲凉。

节录二

师：非常好。倚歌而和的时候，表面上看来很快乐，"于是饮酒乐甚"，一高兴就是手之舞之，足之蹈之，于是就"扣舷而歌之"。但是让他扣舷而歌之的内容被朋友发现了，体会到了其中的况味，就依着他的歌，和上了曲子。于是，"其声呜呜然"就存在了。那么，同学们看一看，苏东坡的情绪是被这景物牵引的，还是被箫声牵引的？

生：其实，我觉得是苏东坡自己心中也很悲伤吧！

师：嗯，好的。

生：我想这个客人并不是真实存在的，他是苏东坡的化身。

师：非常好，你已经提前揭了谜底，谢谢你。同学们已经看到了情绪上的变化，其实在景中就已经有了"情语"，但是那个时候还含而不露，这个时候，借着箫声，表露了情感的另一种端倪，这就是苏东坡的巧妙之处，不容易被读者发现。同学们再看第三段，"苏子愀然"，请齐读。

（生齐读）

师：刚才那位同学说，赋的特点是"主客对答"，"主""客"不一定是真的，这就进入了赋体的"主客对答"程序了。张老师觉得"苏子愀然"是一个非常好的转接。刚才同学们已经出色地回答了"苏子愀然"的原因。"苏子何愀然"？

生：因为他想到了自己因为"乌台诗案"被贬，心情很不好，所以"愀然"。

师：时时刻刻都记着"乌台诗案"，可能写不出《赤壁赋》，那他就不是苏东坡了，他可能是"苏西坡"了。

生：他听到了"呜呜然"的箫声，然后触景生情，联想到了自己坎坷的境遇，所以"愀然"。

师：那张老师想追问，他是听了人家的箫声才"愀然"的吗？

生：他先唱出来的。

师：当人家没有"倚歌而和之"的时候，他的歌声中就唱出了某种"愀然"。非常好。你如果能找到"苏子愀然"的原因，就读懂了这篇赋。……

第三段连起来齐读一遍，因为它是一个转接。"苏子愀然"……

（生再齐读）

师：客人的解说，是加重了苏子的"愀然"，还是减轻了苏子的"愀然"呢？

生：加重了。

师：何以见得？

生：我是这样想的，本来苏子"愀然"是悲自己，客人这么一说，就把这份悲扩展到天地间，显得他自己更渺小，所以他的悲又增加了一倍，这就显得更悲了。

师：也就是说，随着客人的这种解释苏东坡更加悲痛了，如果真是这样，下一段就没有存在的必要了，请你读下一段。

生：苏子曰……

师：注意，老师打断一下，"而又何羡乎！"（范读，指导语气、声调。）

生：而又何羡乎！

师：好，你接着读。

生：且夫天地之间……

师：好，请坐。这位同学说听到箫声后，苏东坡的悲就加剧了，你以为呢？

生：我看他应该是豁达起来了，就是看开了。

节录三

师：非常好，它和"景""情"是比较协调的，而这个"理"字的内容就是变与不变。通过主客的问答就以理取胜了。变与不变本来应该是学习的重点，因为时间的关系我们解决不了，这里面非常复杂，绝不是看到就能解决的。老师把这个问题作为课后作业，大家自己去探讨。

师：从表面上看，这篇赋写了非常明丽的景致，以至于把作者感动得"飘飘乎如遗世独立，羽化而登仙"。"登仙"可能也是苏东坡一种理想的境界，但是现实的情况是这样的吗？所以，他在唱歌的时候，就用特定的意象表达了自己的一种情怀。当客人"倚歌而和之"的时候，他反问客人，当客人回答了"美长江之无穷"时，他又来劝解客人。

师：刚才那位小伙子，我还想让你来回答一下主客关系。

生：主和客是苏东坡内心两种不同的思想，在赋里把它具象化了。

师：理想化了的苏东坡是他追求的那个苏东坡，而现实困境中的苏东坡就是面对现实的苏东坡。从这个角度来看，我觉得苏东坡的理能够战胜客，实际上就是真正超越了现实困境的苏东坡，完成了他的一种理想、一种信念、一种价值观的突围，就上升到另外一种境界，于是他就潇洒了。

师：抓住了中国古代传统的"赋"的基本特点——主客问答，然后通过写景，写绚烂的景致，让你看不出任何悲凉，但是他的人生遭遇在那里，而后一直到理的战胜，苏东坡战胜了自己，完成了突围。

下面，就请同学们体会苏东坡是怎样在景、情、理当中巧妙、委婉、潇洒地表达自己的人生价值观与人生况味的。（出示相关资料：《念奴娇·赤壁怀古》《卜算子》《临江仙》《定风波》和《楞伽经》中的一句话"自其异者观之，则生灭者，相与流注耳，藏识无关也，自其不异者观之，则皆一佛性耳，无所谓生灭也"，供学生课后学习用。）

师：尝试背诵全文。

（生齐背）

观课悟道

文言文的学习，如果仅仅是掌握文言实词、虚词、句式等基本知识，或者只停留在对文意的简单疏通与内容的粗浅把握，是远远不够的。除此之外，更应当在尊重学情的基础上对文言文的内涵有深刻理解。那么，如何立足学情，上好一堂文言文原生态课堂？张玉新老师作了一个很好的示范。

一、以诵促析，让课堂文气更浓一点

在这堂课上，张玉新老师没有略过诵读，细数这堂课的诵读，读读背背总共有7处，有齐背、齐读、单读、范读、反复读，形式多样，由点到

面，这样的诵读处理看似寻常，其实用意颇有讲究。如果说齐读是帮助学生唤醒记忆，背诵是检测，那么范读和反复读就是赏读、品读，是本节课的重点。比如，在读到第四段的"而又何羡乎！"这个句子的时候，张老师特意进行了范读指导，明确了语气、声调，帮助学生感受到文意的婉转、气韵的变化。类似这样的问句，文中还有许多，这些问句的背后正是纠结着苏轼的无奈、挣扎与释然等各种情绪，老师的适时指导，让学生真正入情入境，一步步走近作者，走近作品去领悟文章的情感美、意境美。"夫缀文者情动而辞发，观文者披文以入情。"情是文章的灵魂、核心。张老师在课堂上的诵读安排，抓住了赏读、品读的重点，以读带悟，以悟促读，以声传情，以情动人，既激发学生直观地感受到文言文的魅力，获得了审美的提升，也使文言文的赏读课堂多了一层浓浓的文言韵味。

二、巧问细品，让课堂探讨更深一点

好的课堂教学"不在全盘授予，而在相机诱导"，为了能够引导学生真正走近作者，读懂文章，张老师在这堂课的发问可谓牵一发而动全身，准确到位地抓住承上启下的关键点，循序渐进，步步深入。如问"同学们看一看，苏东坡的情绪是被这景物牵引的，还是被箫声牵引的？""他是听了人家的箫声才'愀然'的吗？""客人的解说，是加重了苏子的'愀然'，还是减轻了苏子的'愀然'？"抓住"愀然"，由浅入深，逐层发问，促使学生用心思考，由句而章，前后联系，步步推敲，再结合写作背景，让学生明白作者"愀然"的情绪一直都有，前文的举酒咏歌、飘飘欲仙之乐只不过是含而不露的借喜排忧的高妙手法罢了，接着再借助赋特有的主客问答的形式，对作者在后文能够完成情感突围进行深入探讨，最后品悟出原来苏东坡是在景、情、理当中巧妙、委婉、潇洒地表达自己的人生价值观。这样的巧妙引导具有较大的思维容量，让学生立足文本，既以宏观的视野解构全文，又从微观的角度突破细节，一方面给学生提供了一种深入解读文言文的思维方法，另一方面也使学生对文章蕴含的丰富哲思有了更透彻的理解。

三、引外补内，让课堂文学更厚一点

张老师一向倡导语文老师要"以教材为核心"进行阅读，以增加自己的"书底厚度"。围绕《赤壁赋》，张老师多次引经据典，引外补内，为学生打开了视野，促使其在理解、品味、比较赏析中加深了对文本的理解。如引学过的《记承天寺夜游》《念奴娇·赤壁怀古》是为了唤醒学生回忆写作背景；在课堂结束前出示的《卜算子》《临江仙》《定风波》是为了强化学生了解苏轼的黄州情结；引《楞伽经》是为了帮助学生更好地理解苏东坡实现精神突围的原因。课堂由一篇赋，迁移到一篇文、四首词、一部经，却又并没有虚增难度，添设障碍，这些文章以《赤壁赋》为核心，或勾连，或扩充，引领着学生不局限于教材，促使他们进行更多的阅读，更多的思考，更多的练习。这样不仅挖掘了文章的深度，而且拓展了学生思维训练的广度，更是落实了文言文课堂的厚度。

总之，张玉新老师的这堂课打破了文言文教学一贯枯燥沉闷的课堂氛围，构建了一堂实实在在的有深度有广度而又充满着浓厚的文言韵味美的文言文原生态课堂，学生在张老师的带领下一路寻芳览胜，真正领略到了古代优秀文化作品的无穷魅力。

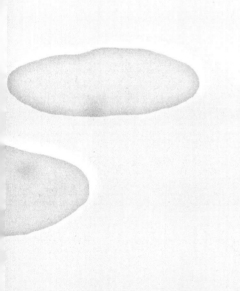

第二辑　小说类

在镜头中走进人物的内心

——观王崧舟执教《慈母情深》

周春勇

节录一

[课前板书：慈母情深（"深"字下面用着重号）]

师：大家一定发现了，老师在这个"深"字下面加了一个大大的着重号，为什么？

生：因为这个字要读得重一点。

生：慈母对我们的深爱要读出来。

生：这个字在课文中很有用处。

师：带着这种感觉，我们来读课题。

（生读课题）

师：对慈母情深中的"深"字你们就没有问题想问吗？

生：这个"深"字为什么要突出？

生：慈母的情到底有多深？

师：慈母的情到底有多深？它究竟深在哪儿？带着这些问题，我们先来做道练习题。根据你在预习时留下的记忆，在括号里填上在课文中曾经出现过的生字、新词。

我一直想买《青年近卫军》，想得整天失魂落魄。于是，我来到母亲工作的地方，那里的噪声（震耳欲聋），我发现母亲极其瘦弱，当知道我想要钱买书，母亲用（龟裂）的手将钱塞给我，立刻又陷入了（忙碌）。我鼻子一酸，（攥）着钱跑了出去。

（生完成填空）

节录二

师：母亲明明已经将钱给了"我"，一元五角，一分没少，一句责怪的话也没有。按理说，"我"应该感到——

生：高兴。

师：但是此刻的"我"，没有丝毫的高兴、没有丝毫的欢喜、没有丝毫的快乐。此刻的"我"，却只有用"泪水擦洗"这四个字儿。

（生反复读"鼻子一酸"）

师：孩子们，作者为什么鼻子一酸？

师：刚才王老师在巡视的时候，注意到有一个同学的发现与众不同，相当特别，我们来听一听。

生：七八十台缝纫机发出的噪声震耳欲聋。

师：说说你的感受。

生：从中我体会到了母亲的工作环境非常恶劣。

生：我感受到母亲很辛苦。震耳欲聋的声音中，母亲还是埋头苦干。

师：看来这句话的确没有白写。"震耳欲聋"是什么意思？

生：形容声音很大。

师：声音很大，大到什么程度？

生：大到耳朵隐隐欲痛，快把耳朵震聋了。

师：当"震耳欲聋"的声音向你迎面扑来的时候，你的感觉是什么？

生：我觉得很烦，想快点捂上耳朵。

生：我想马上离开这里。

师：马上、现在、立刻离开这个地方。但母亲却在这种环境下工作。

师：孩子们，这七八十台缝纫机发出的噪声停止过吗？

生：（齐）没有。

师：依据何在？浏览课文，找一找，你从哪些词语、句子中看出这七八十台缝纫机发出的噪声一刻都没停止过？

（生读、划、悟）

生：我从"我大声说出了母亲的名字"这一句中看出来的。

师：孩子，"我"为什么要大声地说？因为——

生：七八十……震耳欲聋。

师：是啊！"大声说"这三个字是在提醒我们，不要忘记这噪声没有停止过。这样的地方比比皆是。

生：母亲大声问。

生：母亲对我喊。

生：大声对那女人说，接着又对我喊。

师：孩子们，这七八十台缝纫机发出的噪声一刻都没有停止过。母亲在什么环境下工作？母亲就在这样的环境下工作。

师：从"我"进入工厂，到"我"离开工厂，这震耳欲聋的噪声一刻都没有停止过。然而，这只是今天，这只是这一段时间。大家完全可以想象得到，昨天的母亲在怎样的环境下工作！

师：明年、后年，甚至再下一年，母亲又将在怎样的环境下工作！读——

（生读）

师：当"我"第一次发现母亲竟然在这样的环境下工作时，"我"的心里是什么滋味？

生："我"的心里十分不好受。

生：非常地难过。

生：非常地心痛。

师：是的，这所有的滋味绞在一起，"我"的鼻子怎能不为之——

生：一酸。

师：带着这种感受，再读这个句子。

（生读）

师：为了表达慈母情深，这一句话能少吗？（不能）这一次又一次大声地说，能少吗？（不能）这就叫语文意识。（板书：语文意识）

节录三

师：我们继续交流，还有哪些地方、哪些句子令"我"鼻子一酸？

生：背直起来了，我的母亲。转过身来了，我的母亲。褐色的口罩上方，一对眼神疲惫的眼睛吃惊地望着我，我的母亲……

（出示调整后的文字）

我的母亲，背直起来了。我的母亲，转过身来了。我的母亲，褐色的口罩上方，一对眼神疲惫的眼睛吃惊地望着我……

师：你看过电影吗？记得电影中的慢镜头吗？前面哪种表述带给你慢镜头的感觉，是前面一种，还是调整后的？

生：前面那种。

师：慢镜头就是希望你将每个细节看得特别生动，看得特别清楚。我们一起看，闭上眼睛。"背直起来了"，你看到了一个什么样的背？

生：我看到了一个弯曲的背，慢慢地直起来了。

生：十分瘦弱的背，慢慢地直起来了。

师：你能看到母亲背上的肩胛骨吗？那是一个瘦骨嶙峋的背。孩子们，这是母亲的背吗？（是）在"我"的记忆当中，母亲的背可不是这样的，是怎样的？

生：在"我"的记忆当中，母亲的背是结实而健壮的。

生：是坚强的背。

生：是高大的背。

师：然而，"我"现在看到的却是这样的背。闭上眼睛继续看。

师：转过身来，"我"看到了一张怎样的脸？

生：看到了一张憔悴的脸。

生：一张焦黄的脸。

生：一张布满皱纹的脸。

师：这是"我"母亲的脸吗？（是）在"我"的印象中，母亲拥有一张怎样的脸？

生：一张红润的脸。

师：这是"我"母亲的脸吗？（是）闭着眼睛继续看。

师：（感情朗读）"背直起来了，我的母亲。转过身来了，……我的母亲……"你看到了一双怎样的眼睛？

生：看到了一双疲惫的眼睛。

生：一双布满血丝的眼睛。

师：这是"我"母亲的眼睛吗？不是啊！在"我"的记忆里，母亲拥有一双怎样的眼睛？

生：拥有一双十分美丽、十分精神、十分大的眼睛。

师：这是"我"母亲的眼睛吗？（不是）

师：作为儿子，母亲啊母亲，"我"的母亲，你那坚挺的背到哪里去了？你那红润的脸到哪里去了？你那明亮清澈的眼睛到哪里去了？

生：被工作淹没了。

生：被岁月消磨了。

师：是啊，消磨了，吞没了。"我"的母亲是怎样挣钱的？"我"的母亲就是这样挣钱的。

师：闭上眼睛，再慢慢地、仔细地、真真切切地看一看我们的母亲。读——

（生情绪饱满地读）

师：看到母亲瘦成这样，憔悴成这样，"我"的鼻子能不为之一酸吗？所以为了表达慈母情深，这样的句子能少吗？（不能）这三个字能改吗？（不能）这就叫——

生：语文意识。

师：除了刚才两处，还有什么地方让"我"鼻子一酸？

生："母亲说完，立刻又坐了下去，立刻又弯曲了背，立刻又将头俯在缝纫机板上了，立刻又陷入了忙碌。"从这里，"我"体会到母亲工作十分辛苦。"我"还忍心向母亲要一元五角钱，觉得自己很不孝顺。

师：如果说，刚才那一句是电视里一个典型的慢镜头，那么毫无疑问，这一句带给我们的感觉是——

生：快镜头。

师：谁来读一读快镜头的感觉？

（生读）

师：是的，这才是快镜头，一起读，读出这种快的感觉。

（生齐读）

师：请问其中哪个词带给你快镜头的感觉？

生："立刻"带给我快镜头的感觉。

师：是啊，母亲能停吗？（不能）能歇吗？（不能）谁来读一读？

（生读）

师：母亲啊，你已经是这么憔悴了，你就不能喘一口气吗？（不能）为什么？

生：因为要继续挣钱。

师：母亲啊，你已经是那么疲惫了，你就不能伸一个懒腰吗？

生：不能啊！"我"绝不能少做一会儿啊！"我"必须多挣一分钱！

师：母亲啊！你是这样的瘦弱，是那样的瘦骨嶙峋，你就不能稍稍歇一歇，照顾一下自己吗？

生：不行啊！因为"我"得养活一家人呀！

师：母亲是怎么挣钱的？孩子们，母亲就是这样挣钱的呀！作为儿子，当他第一次发现母亲干活是如此的劳累，如此的疲惫，又如此的拼命，他的心能不为之一酸吗？

师：所以，孩子们啊，为了表达"慈母情深"，这个句子能少吗？（不能）这四个立刻能改吗？（不能）这就叫——

生：语文意识。

师：她是如此的憔悴，如此的瘦弱，又如此的疲惫不堪。然而，当她的儿子向她要钱买书的时候，母亲是怎么说的？又是怎么做的？

生：母亲却已将钱塞在我手心里了，大声对那个女人说："我挺高兴他爱看书的。"

师：孩子们，假如我们把母亲给钱看作一个特写镜头的话，那么，你会把目光牢牢停留在哪个细节上？

生：塞。

师：把"塞"字圈出来。自己再读一读这个句子，体会母亲塞钱是怎样的塞。

（生边读边体会）

师：孩子，你一定有感觉，一定有体会。这是怎样的塞？

生：用力地塞。

师：没错，还是怎样的塞？

生：使劲儿地塞。

师：还是怎样的塞？

生：迅速地塞。

师：不要小看"迅速"这两个字，"迅速地塞"说明母亲在给钱的一刹那犹豫过吗？

生：没有。

师：这是毫不犹豫地塞。把这个字眼放进去，读——

生：母亲却已将钱毫不犹豫地塞在我手心里。

师：还是怎样的塞？

生：坚定地塞。

师：没错，就是坚定地塞，你坚定地站起来，坚定地拿着话筒，坚定地读一读这个句子。

（生读）

师：母亲塞到"我"手里的哪里是钱，是什么？

生：是深厚的爱。

生：是最普通而又最伟大的爱。

生：是母亲好几天辛苦的心血。

师：是的，是爱，是质朴的爱、是无私的爱、是伟大的爱、是纯真的爱。这一切的一切汇成了四个字，读——

生：慈母情深。（读两遍）

师：慈母的情，深在那震耳欲聋的噪声里；慈母的情，深在那疲惫不堪的眼神里；慈母的情，更深在这坚定地、毫不犹豫地一塞里。让我们再一次充满深情地读一读。

观课悟道

《慈母情深》是五年级上册的一篇课文，出自梁晓声的小说《母亲》。小说体裁的课文最难的是如何让学生走进人物的内心，感受人物形象。王崧舟老师的这堂课为我们教授这类题材的课文，提供了很好的范例。

一、关键词填空，凸显情感主线

第一个环节是导入：以题入手，引导学生发现"深"——母亲的爱究竟有多深？第二个环节是通过填空概述课文内容，填空的内容依次为"震耳欲聋""龟裂""忙碌""攥"。这些字词看似平淡无奇，但与后面的环节环环相扣。"震耳欲聋"是描写母亲工作环境的形容词；"龟裂"是描写母亲的手的形容词；"忙碌"是对母亲的工作状态的形容；"攥"是对"我"拿钱的动作的形容。王老师把"空"空在这些地方，就是想让学生去发现，去关注母亲的工作环境、外貌、动作，去关注"我"的情绪的细微变化。第三个环节是抓住一个"酸"字展开教学。"鼻子一酸"是一个人的情感非常充沛，非常饱满，达到了爆发点的时候才会有的一种感觉。为什么"我"的鼻子会酸？因为从走进母亲的工作环境开始，看到母亲工作时的神态、外貌和工作环境，"我"的情绪也在一步一步地加深。一个"酸"字，可见"我"攥着母亲给的钱时那种内敛而充沛的情感已经不可抑制了。

"我"的"心酸"，正是感受到了母亲的"情深"。王老师以一个"酸"字，紧扣课题"慈母情深"中的"深"字。这些精要的关键词为学生理清了本文的情感主线。

二、递进式提问，唤醒孩子感官

王老师讲"震耳欲聋"这个词时，讲得比较经典。我们一起来看看他的提问：

1."震耳欲聋"是什么意思？

2.当"震耳欲聋"的声音向你迎面扑来的时候，你的感觉是什么？

3.这样的声音停止过吗？

4.那么意味着母亲昨天是在什么样的环境下工作的？明天呢？去年呢？明年呢？后年呢？

5.当你第一次发现母亲是在这样的环境下日复一日、年复一年地工作时，你的心里是什么滋味？

王老师的问题是富有层次的，从对"震耳欲聋"一词的理解，到调动学生的听觉去想象，到加深这种想象的程度，最后更是引导学生将自己代入作者的角色。可以说，王老师的问题"唤醒"了学生的感觉器官，为学生架起了透过文本，通过想象，进入作者内心感受人物形象的"桥梁"。像这样的提问方式还有多处，比如：讲三个"我的母亲"、四个"立刻"，还有"塞"的时候，都充分调动了学生的感觉器官。

三、"三镜头"特写，体会人物形象

相信观课的老师一定对王老师讲课过程中提到的三个镜头印象深刻。

"慢镜头"的妙处就在这个"慢"字，"慢"的艺术是"细"，仔细地去观察母亲的外貌描写，细细地去品味外貌描写背后的意味；"快镜头"的妙处就是"快"，快得不拖泥带水，文章用四个"立刻"来刻画母亲的动作，于是，那种连贯和熟练的感觉就出来了；"特写镜头"是聚焦，聚焦在母亲塞钱这个"塞"的细节，这一塞，塞出了母亲对"我"的疼爱。王老师巧妙地用镜头的方式，深入浅出地带领学生走进了作者内心，感受到了母亲的辛勤与慈爱。

情感主线确定了教学的方向和内容，镜头的方式巧妙地渗透了感受人物形象的技巧，递进式地提问为学生感受人物形象架起了"桥梁"，再加上王老师醇厚的声音，为我们营造了一种令人心酸而感动的课堂氛围。听王老师的课，仿佛我们不是在观课，而是在感悟和体验着作者的人生，王崧舟老师用他的"诗意语文"带领我们体验了一次——慈母情深！

学学小说教学的"贴"功

——观于永正执教《杨氏之子》

蒋会太

课堂节录

节录一

师：同学们看于老师的表情（做笑容满面状），你看出了什么？

生：于老师很高兴。

师：看到同学们，我高兴了。再看于老师（做表情紧张状），现在是什么表情？你又看出了什么？

生：于老师好像很紧张。

师：对，这么多人听课，是有点紧张。上课的时候，同学们如果不积极发言，于老师就会更紧张，希望同学们积极举手回答问题，别让我紧张行吗？——大家看，表情是不是会说话呀？所以我们要"察言观色"！

......

师：文言文语言很简练，有时候一句话只有一个字，但包含的意思很多。读文言文的时候，你要善于想象，把一个字变成好多好多字，把一句话变成好多好多话，这样你就能读懂。下面，老师想了解一下同学们会不会读文言文。

（生说理解，师及时点评。）

生：杨氏小儿为孔君平端来水果，水果中有杨梅，孔君平指着杨梅说："它是你家的果子。"杨氏小儿说："不知道孔雀还是您家的家禽。"

师：最后一句理解错了，仔细想想是什么意思。

生：没听说过孔雀是您家的鸟。

师：很好！"甚聪惠"是什么意思？

生：很聪明。

师：很聪明。"惠"是什么意思？对，"惠"同"慧"。再往下看，"诣"是什么意思？

生："诣"是"拜见"的意思。

师：这个"诣"专门指拜见尊敬的人或者长辈。

师：我有个小问题，孔君平说："此是君家果。"这是逗小孩玩呢，还是讽刺挖苦呢？让老师也读一遍，好吗？注意看老师的表情——刚上课时我就让大家观察表情，表情也是会说话的。

（师有表情地范读课文，再指导学生有表情地朗读，直至当堂背诵课文。师则在讲台前配合加动作，气氛非常活跃。）

节录二

师：你们会背了，于老师要提问题了，课文说杨氏之子"甚聪惠"，意思是非常聪明。那么，你从哪儿看出来这个小朋友非常聪明的呢？

生：孔君平抓住杨梅的"杨"和杨氏的"杨"都是同一个字来开玩笑——"此是君家果"，小孩马上抓住孔君平和孔雀都有一个"孔"字来反驳：没听说过孔雀是您家的鸟儿。

师：从这里可看出小孩的确很聪明！还有吗？

生：儿应声答曰……

师：说明什么？

生：说明他反应很快。

师：好！反应快，思维敏捷，也说明很聪明。（板书：反应快）还表现在哪里？

生：孔君平并没有说他姓杨，杨梅也有一个杨，只说了一句话"此是君家果"，小孩马上就听出来了，这说明他很会听。

师：是啊，小孩确实聪明，他听出了孔君平的"话中话"和"弦外之音"。（板书：会听）再品课文，还能从哪里看出他聪明？

生："未闻孔雀是夫子家禽。"这个回答很巧妙，说明他聪明。

……

师：掌声送给他！这句话用得妙，真是太聪明了！这是会说。（板书：会说）

师：大家看，杨氏之子，第一，会听，能够听出"话中话"；第二，反应快，思维敏捷；第三，会说，回答得十分巧妙。我还有个问题，这个九岁的男孩除了聪慧，他还是个怎样的孩子？请默读课文，思考一下。

（生轻声细读）

生："为设果，果有杨梅"，从这里可以看出杨氏之子非常有礼貌，给孔君平准备了水果。

师：嗯！客人来了，赶紧端出水果，懂得待客之道。端出多少水果？就一种吗？

生：端出了多种水果。

师：从哪里可以看出来？

生："果有杨梅"，果子中有杨梅，证明不止有杨梅。

师：说得好。这句话中还有哪个字能说明不止一种水果？

生："设果"，就是摆水果。如果只有一种水果，是称不上摆的。

师：说得太好了！从这里可以看出，这个小孩不仅有礼貌，而且非常热情好客，端出好多水果招待客人。再往下看，还从哪里能看出他是个非常懂事、有礼貌的孩子？

生：我还从"未闻孔雀是夫子家禽"中的"夫子"两个字里看出来。

师：对，夫子是尊称，说话很得体，真的很有教养。还可以从哪个词中看出来？

生：我觉得从"未闻"这个词可以看出来他很有礼貌。因为他没有直接说"孔雀是夫子家禽"，而是说"没听说孔雀是您家的鸟"。

师：解释得非常好，掌声送给她。如果这个小孩直接这样回答：那么孔雀就是你家的鸟了！这样回答就不得体。因为孔君平毕竟是来拜见他父亲的，这样会让客人尴尬。前面加一个"未闻"，"未闻"是什么意思？

生：没有听说。

师：是啊，孔先生，我可没有听说孔雀是你们家的鸟啊。这样既不动声色地"回敬"了对方，又不让对方难堪。是不是很有教养啊？

节录三

师：……这篇短文只有55个字，但是含义却很丰富。下面我们用自己的笔，通过自己的想象，把文章写得丰满一些。第一句话，"梁国杨氏子九岁，甚聪惠"，非常简练，根据这句话，请你想象一下杨氏小儿长什么模样。注意，相貌描写一定要体现出他的年龄及聪惠。第一排的同学就扩写这句话。

师："孔君平诣其父，父不在，乃呼儿出。"注意：谁？去干什么？主人不在，是哪个人把小儿叫出来的？这里面蕴含着很多动作和对话。请第二排的同学来扩写。

师："为设果，果有杨梅。孔指以示儿曰：'此是君家果。'儿应声答曰：'未闻孔雀是夫子家禽。'"他们难道就说了两句话吗？肯定不是的！往下肯定还有好多话呢！请展开想象，一定要通过对话描写把杨修的聪慧充分表现出来。请第三排的同学写这一部分。

（生分组写作）

师：（10分钟之后）请第一排同学中的一位到前面来读自己的习作，其他同学专心听。

生：古时候，梁国有一户姓杨的人家。杨家有一个小男孩叫杨修。他虽然才九岁，但个头不矮，长得胖乎乎的，皮肤很白。圆圆的脸蛋，一双水灵灵的大眼睛忽闪忽闪的，很有神。小嘴翘着，看上去能说会道。他头上扎着蓝色头巾，身穿红色的长袍，腰扎一条黄色带子，十分精明、利索。

师：这一段描写十分精彩！外貌与他的聪慧、有教养完全一致！请写第二部分的同学接着读。

生：一日，杨氏的好友，（师插话：我最欣赏"一日"，他不用"有一天"开头，用"一日"，有文言味道。）孔君平前来拜访，家人为其开了门，并告知杨氏不在，（师插话：应该是杨老爷不在。）并告知杨老爷不在，他的儿子杨修在书房读书。孔君平想与杨修见个面，看看多日不见，小杨修又学了些什么。管家告诉杨修，孔君平来了，杨修赶忙出来迎接，并亲自为其摆上了水果，其中就有孔君平最爱吃的杨梅。

师：掌声！"其中就有孔君平最爱吃的杨梅"，这句话就更加说明他们两家经常来往，更说明杨修了解孔君平，更说明杨修有教养。谁再读一读？

……

生：孔君平一眼就看到了果盘里的杨梅。他眉头一皱，计上心来，笑眯眯地对杨修说："哟！杨梅，杨修，你姓杨，杨梅也姓杨，如此看来这杨梅是你家的水果喽！"（掌声。师插话：杨梅，杨修，联系起来了！多有意思呀！）杨修眼睛一转，灵机一动，回敬道："孔叔叔，我可从没听说过和您同有'孔'字的孔雀是您家的鸟啊！"孔君平摸着杨修的头说："杨修，你真是个小机灵鬼啊！"杨修说："嘿嘿，孔叔叔过奖了！"孔君平笑着说："哈哈哈！真是个聪明孩子，聪明过人啊！"（掌声）

……

师：大家看看，三段话联起来是不是一篇好作文？这就叫"故事新编"。

观课悟道

《杨氏之子》是一篇文言小说，其题材的特殊性，决定了它教学的难度。小学的文言文怎么教？文言小说又该怎么教？全国著名语文特级教师于永正执教的文言小说《杨氏之子》给我们带来了许多启发。

一、察言观色——贴近童心

苏霍姆林斯基说："只有那些始终不忘记自己也曾是一个孩子的人，才能成为真正的教师。"于老师就是这样一位教师，他的课堂充满了童真童趣。好的教学，往往由和谐的师生关系开始，充满童真童趣的课堂氛围，无疑是一堂好课的前奏。

在这堂课上，于老师首先引导学生观察自己的表情，以学生最熟悉且易于接受的表情为突破口，让他们"察言观色"。这看似与课文无关的导入，却彰显出于老师独特的教学设计和丰富的教学经验。因为这所察之"言"、所观之"色"正是小说描写人物的方法，于老师选择以"表情"为突破口，非常贴近小学生的心理特点，把非常深奥的学习方法用这样一种很浅显却很形象的方式告诉了学生。

此举，既拉近了与学生的距离，又为后文走进文本品味人物形象埋下了伏笔。

二、读写结合——贴近文体

本文是一篇文言小说，全篇仅有55个字。

文言文的特点是：言文分离、行文简练、内蕴丰富。这也造成现在的孩子很难读懂文言文。反观这节课，于老师运用文言特点进行语文教学的方法，堪称经典。

发挥想象，把一个字"读"成好多个字。针对文言文行文简练的特点，于老师在学生读至能够背诵的基础上，引导学生发挥想象，用把一个字变成好多好多字，把一句话变成好多好多话的方式，来理解课文，这种方式是暗合文言写作规律的。文言文之所以简练，是因为它用词准确，这种准确的表述，意味着一字一句都蕴含着作者"丰富"的意图。如果说文言文是作者诸多意图的精简表述，那于老师此举，便是反其道而行之，通过一字、一句的揣摩来读出作者的多种意图。

同时，本文又是一篇小说。理解运用，进行故事新编是于老师立足文体的重要教学环节。在学生对杨氏之子的"聪慧"形象品味到位的基础上，于老师引导学生用自己的笔，展现杨氏之子的聪慧。这个环节看似寻常，其实绝妙。如果说前文反其道而行之地读懂课文是站在学的角度，那么此处，便是站在作者写作的角度学以致用。这种角度的转换，既是对学生掌握课文内容、品味人物形象程度的检验，也是对前面环节察言观色、咬文嚼字的学习方法的学以致用。

观此课，于老师充分利用文言文"行文简练，内蕴丰富"的文体特点，把短文长教，教出了厚度，教出了高度。

三、咬文嚼字——贴近人物

小说是以刻画人物形象为中心的，教师应该引导学生通过理解语言文字，分析人物形象，把握小说的思想内涵。在教学中，于老师抛出问题"你从哪儿看出来这个小朋友非常聪明的呢？""还从哪里能看出他是个非常懂事、有礼貌的孩子？"带领学生走进文本。随后于老师抓住"甚聪惠"这一中心词，构建教学；咬住"应声而答""设果""未闻"等关键字眼，帮助学生感受杨氏之子的人物形象。

王荣生教授认为："文言文的章法考究处、炼字炼句处，往往就是作者言志载道的关节点、精髓处。"于老师紧扣文章的"章法考究处、炼字炼句处"，使一个既聪明又有教养的杨氏之子活灵活现地出现在了学生面前。

通俗风趣的语言，贴近童心，贴近文体，利用文言文"行文简练，内蕴丰富"的文体特点进行语文读写训练；察言观色，咬文嚼字，贴近人物，于老师的这一课，短文长教，把文言小说教出了厚度，教出了高度，充分地激发了学生学习文言文的兴趣。

由表及里，走进人物

——观吉春亚执教《"凤辣子"初见林黛玉》

王文丽

节录一

师：怎么读着读着，这个人就不一样了呢？我们就从她的漂亮、富贵开始品读吧！大家认为她漂亮吗？

生：漂亮！

师：怎么漂亮了？找到句子，说给大家听听。

生：我觉得从"头上戴着金丝八宝攒珠髻，绾着朝阳五凤挂珠钗；项下戴着赤金盘螭璎珞圈；裙边系着豆绿宫绦双鱼比目玫瑰佩；身上穿着缕金百蝶穿花大红洋缎窄裉袄……"中可看出来。

师：怎么就看出她漂亮了？谁来补充。

生：从她的衣着打扮中看出她漂亮的。

师：怎么就漂亮了呢？

生：她戴的东西都很独特。

师：很贵重的，对吧？好，大家跟着老师来读这一段，我读画横线部分，你们来读下面的部分。

（师生合作读）

师：真的富贵！连研究《红楼梦》的人都研究不出来她究竟穿了多少华贵的衣服，数一数里面的珠、针、银、翡翠，真的是让我觉得——漂亮、富贵。

师：那么王熙凤的外表漂亮吗？

生：漂亮！

师：外表怎么漂亮了，谁来说说？

生：一双丹凤三角眼，两弯柳叶吊梢眉。身量苗条，体格风骚，粉面含春威不露，丹唇未启笑先闻。

师：找出关键的地方说说。

生：她的身材很苗条，她的体格很风骚。

师：体格很风骚就是什么呀？

生：就是体格细嫩。她粉面含春威不露，丹唇未启笑先闻。

师：她的脸色是——

生：白里透红。

师：真是漂亮啊！我们来看这段话，曹雪芹写的时候用的是对仗的方式，我读上半部分，你们读下半部分。"一双丹凤三角眼"——（师生合作读）

师：刚才同学们从好多词语中感觉到她漂亮了。古代人写一个女孩子漂亮的话，会用上这些词儿——丹凤眼、柳叶眉、身苗条、体风骚、粉面含春、一双樱桃小嘴，所有描写美女的词句都用在王熙凤的身上了，你说她漂亮不漂亮？让我们再来读读，把这种漂亮读出来。

师：的确是漂亮，我们已经品出来了，她是——漂亮、富贵。但是你细细地品一品，这漂亮的背后还藏着点什么呢？丹凤三角眼、含春威不露，藏着点什么呢？

生：藏着她的威严。

师：哪里看出来的？

生：粉面含春威不露。

师：这藏着的威严不光是从"威不露"看出来的，前面也能看出来。吉老师的眼睛是三角眼吗？不是，你们刚才说我很和蔼，和蔼的人不长三角眼。那"三角眼"让你读出了什么呀？

生：感觉她很有心计，很奸诈。

师：对，长三角眼的人很凶。

生：感觉她很严肃，很正经。

师：不是很正经，是很威严。从"三角眼"看得出来。"吊梢眉"，眉毛吊在那里，你感觉到了什么？

生：好吓人。

师：好凶的一个人呀，对呀，这种威严藏在里面，我们品着品着就会发现原来漂亮背后藏着的是威严。

节录二

生：一语未了，只听后院中有人笑声，说："我来迟了，不曾迎接远客。"黛玉纳罕道：这些人个个皆敛声屏气，恭肃严整如此，这来者系谁，这样放诞无礼。心下想时，只见一群媳妇丫鬟围拥着一个人，从后房门进来。

师：怎么就放诞了，放诞无礼跟放纵是不一样的，有点区别。

生："放诞无礼"的意思是她没有礼貌，很放诞。

师：讲出来了"无礼"的意思，就是没有礼貌。那"放诞"呢？

生：跟别人不一样，没有礼貌。

师：他说出了一点点，跟别人不一样。"放诞"的意思是：做事荒唐，不近情理。连在一起呢？做事太荒唐了，跟别人不一样，一点礼貌都没有。那你怎么就看出来她跟别人不一样，挺荒唐的？

生：其他人个个都敛声屏气。

师：敛声屏气，不是像她那般放诞无礼。

生：所有人都老早就到场，她却从后门慢慢地走过来。

师：真荒唐！别人都不敢迟到，就她敢迟到。

生：别人都敛声屏气，只有她在笑。

生：她边笑还边说："我来迟了，不曾迎接远客。"

师：迟了就迟了呗，她还笑着说，真荒唐！"没礼"呢？一点礼貌都没有，对长辈没有礼貌。来，你说说。

生："心下想时，只见一群媳妇丫鬟围拥着一个人，从后房门进来。"她来迟了，身边还围着一群丫环一起来的。

师：真叫荒唐！那没礼貌呢？谁都到场了呀？

生：贾母都到场了，她还迟到。真的是"放诞无礼"。

师：说得好！表面看真是放诞无礼，其实黛玉也看出来了。其实啊，她还别有用心呢！你能读出来吗？"我迟到了，怎么着？你们迟到就不敢做声。就我迟到了……"细细地去品味。

生：别人迟到了都不敢说，她迟到了还大声地笑。看出她权力很大。

师：说得好！

生："我"的权力很大，权威也很大。

师："我"的权力有多大你们听明白了吗？别人都不敢迟到，"我"敢迟到。"我"不仅迟到，还怎么了？

生：旁边的人还不敢说"我"。

师："我"不仅迟到，不仅一个人来，"我"还得——

生：带一群人来。

师：看来"我"多有——

生：权威。

师：看来放诞无礼的背后是炫耀自己的权威，显示自己的地位。名著就是特别有味道，我们原来认为她（生齐说：放诞无礼），品着品着，觉得她背后是在显耀尊贵……

节录三

师：我请一位同学来读一读王熙凤的话。

生：妹妹几岁了？可也上过学？现吃什么药？在这里不要想家。要什么吃的，什么玩的，只管告诉我。丫头老婆们不好了，也只管告诉我。

师：怎么热情了？

生：她劝林黛玉不要想家，安心地在这里，还热情地问她现在几岁了，有没有上过学。可以猜到如果说没上过学，王熙凤一定会带她去学堂上学的，或者请先生来给她上课。

师：真是热情啊！问到了方方面面，我们也来读读这些话，把她的热情读出来啊！

师：短短50个字，问到了方方面面。问到了读书、吃什么药、身体好不好，还说要什么吃的玩的只管告诉她，多热情啊，助人为乐，如果你们是林黛玉，初来乍到听到这些话，心里会怎么想？

生：很感激、很高兴，还感到很亲切。

师：是啊！那我们细细再去品一品，名著就是要这样不断地去品，从她的语言中去品。如果是问，"妹妹你几岁了？"那黛玉就得回答："我七岁了。""上过学吗？""我读了一年。""现在吃什么药？""我每天都在吃好多的药。"而现在这样问，她回答了吗？

生：没有。

师：那不回答，一下子问这么多的问题，说明了什么？说给谁听啊？

生：贾母。

师：为什么说给贾母听？

生：这样贾母就会对王熙凤更好。

生：贾母就会觉得王熙凤对她的外孙女非常好。

师：说给贾母听的，继续说，怎么就说给贾母听的呢？

生：我觉得她是专门说给林黛玉听的，因为她想在林黛玉面前显耀自己的身份。

师：说给黛玉听的，说给老祖宗听的，还是说给谁听的？"只管告诉我……只管告诉我……"

生：说给身边的人听的，也是炫耀自己的地位。

师：就从这句话中，我们品出了热情周到的背后为的是炫耀身份，讨好老祖宗！王熙凤在《红楼梦》中被人称为"语言学家"，每一句话都有自己的言外之意。现在我们就来个现场模拟，要读出既要让黛玉高兴，又要炫耀自己的地位，同时还要讨好老祖宗的这种感情。现场练习练习，练完以后我们再来展示。

观课悟道

小说的本质特征就是塑造各种各样的人物形象，它源于生活，而又高于生活。那如何引导生活经验尚不足的小学生领会复杂的人物性格，建立分析人物形象的知识体系呢？我们也许可以在吉春亚老师执教的《"凤辣子"初见林黛玉》一课中找到答案。

一、善做减法，化繁为简

我们在读一段话时，时常会被第一印象干扰，固有的判断会阻碍我们进一步探究事物的本质，所以我们在指导阅读时要善做减法，帮助同学们打破固有印象，慢慢聚焦文本隐藏的实质。当同学们读到描写外貌的那段话时，会想当然地以为这段话就是描写王熙凤的漂亮，而不会进行更深入的探究。吉老师为了打破这一固有印象，一共做了两次减法，慢慢引导同学们体会藏在漂亮后面的东西，走进人物的内心。首先她带着同学们品读描写王熙凤穿着的句子，透过金、银、珠等字眼，减去夹杂在"漂亮"里的富贵，然后她再次聚焦这段中对仗工整的句子，让同学们找出最能体现王熙凤漂亮的关键词，当"丹凤眼、柳叶眉、身苗条、体风骚"等词语被圈减去后，老师提问"这漂亮的背后还藏着点什么呢？"，"三角眼""吊梢眉"就自然而然地走进了同学们的视线，这时同学们的思维点得到了触发，他们就会惊喜地发现原来自己被王熙凤的漂亮外表欺骗了。这样，学生的阅读生成了独特的张力，在加深对文本深层次把握的同时，也激发了他们进一步探究文本的热情。

二、多重对比，突出矛盾

透过"放诞无礼"感受王熙凤的人物性格是本课的一个难点，吉老师在教学的过程中主要运用了对比的方式，突出矛盾，突破难点。吉老师先让同学们说说对这个词语的理解，然后点拨纠正，在同学们充分理解了词语的意思后，再着重抓住王熙凤的"放诞"，将王熙凤的表现与在场的人进行多重对比，突出王熙凤的与众不同。最后吉老师适时点拨："其实啊，她还别有用心呢！你能读出来吗？'我迟到了，怎么着？你们迟到就不敢做声。'"集中突出矛盾，引导同学们思考，体会这放诞无礼背后所隐藏的东西——炫耀权威。在这个教学过程中，吉老师顺应儿童的心理，走进儿童世界，让教学焕发出生命的色彩。

三、走进情境，由表及里

在品读"妹妹几岁了？可也上过学？现吃什么药？在这里不要想家。要什么吃的，什么玩的，只管告诉我。丫头老婆们不好了，也只管告诉我"这段话时，很多同学感受到的只是王熙凤的热情周到，对她的讨好、炫耀浑然不知。这时吉老师巧妙创设情境，让学生置身其间，从而使他们意识到王熙凤"问而不答"的意图，引起了同学们对王熙凤说话对象的关注，原来在林黛玉身旁还有贾母。"为什么要说给贾母听？"这一问引发学生对王熙凤说话动机的揣摩。贾母是贾府的老祖宗，林黛玉是她的心头肉。当这层关系被点破，同学们开始发现王熙凤"八面玲珑"的一面。整个教学过程，吉老师没有将自己的感悟强加给学生，而是顺学而导，适时提问，让学生去发现人物说话的情境，说话的对象，人物之间的关系。通过这样的点拨和揣摩，学生真正地走进了那个情境，王熙凤的形象在学生心里变得丰满、鲜活起来。

教材的解读善做减法，化繁为简，让学生发现王熙凤华丽的外貌描写下隐藏的威严；通过同一情境下不同人物的行为表现的对比，让学生发现了王熙凤放诞无礼下暗含的炫耀权威；通过引导学生发现人物说话情境，说话的对象，说话的动机，使学生透过王熙凤的嘘寒问暖，发现了她为人的"八面玲珑"。吉老师用她丰富的教学经验和阅历，在这堂课上提交了一张如何教学生领会小说中复杂人物形象的满分"答卷"！

一字立骨，提纲挈领

——观张祖庆执教《穷人》

刘小勇

节录一

师：同学们，都说《穷人》写得很精彩，可张老师读完了整篇小说，字里行间找不到一个"穷"字，这些穷人真的很穷吗？（生点头）那你是从什么地方读出"穷"的？开始静静地默读。

师：现在谁愿意和大家分享，说说你从哪些地方读到了穷人的"穷"？我们请一位同学到讲台上来当小老师。

生（该生以下简称小老师）：请问同学们，大家从哪里读出了"穷"？请这位同学来回答。

生：我从第二段的第二句看出他们很穷，因为课文说"丈夫不顾惜身体……还只能勉强填饱肚子"。他们很辛苦，但是也只能勉强维持生活。

小老师：还有补充吗？

师：真好！一下子就上手了。

生：课文中说"不论冬夏都光着脚跑来跑去"，"光着脚"说明他们连买鞋子的钱都没有，而且吃的是"黑面包"，我从课外的文章中了解到，黑面包不像白面包那样很软很好吃，是很硬的，没有水的话，根本吃不下去。而且说"菜只有鱼"，渔夫天天去打鱼，是因为没钱买菜，看出他们很穷。

师：老师，我想抢话筒！有鱼的生活还穷吗？

生：课文中说"只有"，说明只能吃鱼，没有其他的菜，天天都得吃鱼。

师：每天都吃鱼，吃得都要吐了，而且只能吃那些卖不出去的小鱼，是不是？我想请教小老师，课文第二段说"冒着寒冷和风暴出去打鱼"，我觉得可能是偶尔有风暴吧？

小老师：谁来解答这位"同学"的问题？

生：据我的了解，海上是经常起风暴的，而不是偶尔。

师：何以为证是经常起风暴的？你把课文中的语句找出来。

小老师：嗯，第一段就有。

节录二

师：同学们，关注一下，这段对环境的描写中有很多四个字的词语，找到了吗？请你把它们圈起来。（生圈画）

小老师：找到了吗？

生：寒风呼啸、汹涌澎湃、又黑又冷、干干净净、心惊肉跳。

师：我把这些词语摘录到屏幕上。（课件出示相关词语）

小老师：同学们先一起读一读。

（生齐读）

师：同学们，再一起读一读这些词语，一边读一边在脑子里想象这些词语所描写的画面。（生读）你分明看到了什么样的画面？你看到了——

（学生汇报）

师：同学们，这样的天气随时都有吞没生命的危险，而渔夫此时此刻正驾着一叶小舟在这样的惊涛巨浪中颠簸着，这不正写出了穷人的"穷"吗？想着这样的画面，带着这样的体会，我们一起读读这段话。张老师读黄色字体部分，同学们读环境描写的句子。

（师生深情朗读第一自然段）

节录三

师：同学们，全文唯独有一个句子，只有四个字，能深刻地表现穷人的"穷"，却很容易被我们忽略。你能找到吗？

生：睡觉还早。

师：找到"睡觉还早"这四个字的同学，举手！（众多学生举手）同学们，从"睡觉还早"中，你发现了什么？

生：第二段说"古老的钟发哑地敲了十下，十一下……"，证明已经都十一点多了，睡觉其实不早了。

师：只是十一点钟吗？

生：可能还会到十二点多，因为后面有一个省略号。

师：是啊，这个省略号仿佛就是一记记钟声在敲打着我们，表明时间至少是晚上十一点以后了。

生：这个时候，她还觉得"睡觉还早"，这就证明她可能每天都是十一点以后睡觉的。

师：可能到凌晨才睡觉。"睡觉还早"还让你想到什么？

生：从第二段也可以看出她从早到晚地干活，也就说明了"睡觉还早"。

师：从早到晚？我说是"从早到早"，从今天早晨到第二天的凌晨，是不是"从早到早"？睡觉真的还早吗？（生摇头）好，我们一起读读表示时间不早的句子。

节录四

师：同学们，我们从字里行间充分感受到了穷人的"穷"。（板书：穷人真穷）穷人真穷，一起读！（生读）但是，如果这篇文章只让你读出了一个"穷"字，那就是托尔斯泰改写的失败，穷人身上不只有穷啊！请大家拿出作业纸，看第一题。

（课件出示）

穷人虽然很穷，但他们拥有（　　　　　　　　）。

师：好，开始交流！

（学生交流汇报）

师：把孩子抱回来之后，桑娜经历了一番内心的挣扎。同学们，自己读一读这番话，让我们试着用朗读来走进桑娜的内心世界。

（生自由读，师出示课件。）

桑娜脸色苍白，……嗯，揍我一顿也好！

师：好，哪位同学愿意通过朗读走进此时此刻桑娜的内心世界？

节录五

师：我们再次把目光投注到西蒙死去后的场景描写，你一定会有新的发现。默读课文的第七自然段。想一想，这一段当中的哪些细节深深地触动了你的心灵？拿起笔画出来。

（课件出示）

屋子里没有生炉子……孩子的呼吸均匀而平静，睡得正香甜。

师：好，我们来交流。通过重读，你现在又发现哪些细节深深地触动着你的心？

（学生发言）

师：也许母亲平时一直这样悉心照顾他们，他们才会这样适应。同学们，这段话当中，张老师留意到一个细节，我们来看"冰冷发青的脸上显出死的宁静，一只苍白僵硬的手像要抓住什么似的"这句，你觉得这个母亲想要抓住的是什么？

生：母亲想要抓住自己的孩子，用自己的体温温暖自己的孩子。

生：想抓住两个孩子身上的旧衣服，让他们更温暖一些。

生：她还想抓住这些孩子，最后一次再摸摸他们，让他们更加的幸福。

师：难道西蒙在临死前，就未曾想到过把孩子托付给桑娜吗？同学们，作为两个孩子的母亲，西蒙在临死前，一定愁肠百结、百感交集。请大家用一段内心独白描述西蒙临死前可能的心理活动。写的时候适当运用省略号。让我们一起走进这位了不起的母亲的内心世界。

（课件出示）

西蒙脸色苍白，神情黯然，望望身边躺着的两个孩子，内心充满着不舍、担忧与矛盾。她沉思着"_____"。

（学生书写，写后交流。）

生：她望着身边躺着的这两个孩子，心里充满着不舍，但犹豫矛盾……她沉思着……上帝呀，请不要带走我！……我还有两个可怜的孩子，我需要照顾他们……如果我死了，这个家该怎么办？希望有人会发现我的孩子，并领养他们……哎……邻居桑娜是个好人，如果她发现我的孩子，一定会照顾好我的孩子们的。我这一生唯一放不下的就是我那两个孩子呀……

师：是啊，这是母亲唯一的牵挂。

生：孩子们怎么办？……谁来照顾他们呀？可以把他们托付给桑娜一家吗？……不，不行！……桑娜一家的五个孩子已经让他们忙不过来了……我的孩子虽然不多，只有两个，但也是一个不小的负担……不，不能让他们这么小就跟着我去天国，我死了，到底该怎么办？

师：母亲，在深深地担忧着。

生：我的病已经很重了，这两个年幼的孩子怎么办？……也许我可以把他们交给桑娜……哦，不行！她和渔夫要养五个孩子，再加上我的两个孩子，他们能熬过去吗？……让我再摸一摸你们的小脸蛋，你们一定要好好地活下去呀！

师：这是母亲唯一能做的事情——默默地祝愿。

观课悟道

《穷人》是俄国作家列夫·托尔斯泰根据雨果的叙事诗《可怜的人》改编的小说，语言朴实、感情真挚，读来令人深受感动。张祖庆老师在这堂课中，紧紧抓住一个"穷"字，架构课堂，引导学生解读文本，见识经典，发现语言魅力。

一、于无穷处读"穷"

要走进《穷人》这篇课文，深入体会其中精妙，首先要对穷人的"穷"有比较深的感触。而这篇名曰《穷人》的文章，通篇居然没有一个"穷"字，张老师由此处质疑，激起了学生的兴趣。

学生初读虽然能够感受穷人的"穷"，而对"穷"的感受的来源却是模糊的。张老师以无"穷"这个点，引导学生去发现文本中有"穷"的具体表现。这一问为学生深入文本开了一道十分精准的口子。因为"穷"字只是表面意思，而真正的穷是暗含在文本中的。学生要想发现文本中的穷，就必须深入文本，去发现、思考文本中那些表现"穷"的描写。如此一来，学生也从表面的"穷"进入对"穷"更加深层次的体悟之中——哪些人穷？穷到什么程度？可以说这一问，既激起了学生的学习兴趣，又激活了学生的思维，还推动了学生对文本展开更为细致的品读，为深入学习后文创造了条件。

根据文本设疑，充分激发学生的学习积极性；紧扣课文结点，引导学生"入文"。于无穷处读"穷"，这一举措非常精炼，非常有价值，也非常高效。

二、于细微处析"穷"

文本解读，一定程度上说，其实是对文本的精耕细读，从文章的细微处感悟。张老师紧扣"穷"字，抓住"环境描写""细节描写"展开教学，让学生从细微处感受"穷"人之不易。

首先，抓住"环境描写"品味穷人维生之艰难。节录一中，品味第一自然段时，张老师引导学生从文段中找出四字词语"寒风呼啸、汹涌澎湃、又黑又冷、心惊肉跳"，引导学生根据词语，想象"渔夫冒着寒冷的风暴出去打鱼"的画面，这个环节给了我们很大的冲击力。这样的冲击力，一个是来自词语对环境的渲染和对渔夫心理的描摹，再就是通过想象，我们把渔夫代入了进去。于是，那种渔夫驾着一叶小舟在这样随时都可能被吞没生命的惊涛巨浪中颠簸着艰难求生的画面，重现在我们的脑海中。令观课的我们，也感到心惊肉跳。相信通过此处的品读，同学们对穷人维生之艰难有了深切的感悟。

其次，抓住"细节描写"感受穷人生活之艰苦。"光着脚""黑面包""只有鱼""睡觉还早"等词条，都是对于课文中渔夫家穷的细节描写。"光着脚"是对他们的日常穿着的描写，"黑面包""只有鱼"是对他们的日常食物的描写，"睡觉还早"是对他们的生活习惯的描写。在学生的深入挖掘中，张老师顺势点拨，抓住这些极易让人忽略的细节，给学生留下了深刻的印象。

这样的精耕细读，使学生对文本有了更加细致的发现，同时也对穷人的"穷"，有了更加深刻的体悟。

三、于迁移处赞"穷"

有了对穷人"穷"的深刻体悟作为基础，桑娜、渔夫和西蒙的品质与做法，才更显不易和珍贵。正是在此基础上，张老师抓住心理描写来教学，感受人物形象才水到渠成。

首先是桑娜。"穷人虽然很穷，但他们拥有（　　　）。"张老师一个问题，就成功让学生的体悟有了逆转。学生在感悟穷的基础上，研读文本，顺势理解了"穷人"高贵的品格、富有的精神。尤其是，张老师抓住桑娜抱回西蒙的两个孩子时的那一段心理描写，体会桑娜哪怕挨揍、受难也要抱养的决心，从而更深刻地体会到——穷人不穷！

接着是西蒙。张老师紧紧抓住西蒙临死前从稻草铺上垂下来的那只手，引导学生走进这位临死的母亲的内心，从而体会西蒙的愁肠百结、百感交集。西蒙脸色苍白，神情黯然，望望身边躺着的两个孩子，内心充满着不舍、担忧与矛盾。她沉思着"＿＿＿＿＿＿"。这种想象、迁移的形式，读写结合，既加深了学生对文本的理解，又落实了语言文字的训练，深化了学生对人物形象的理解，一举数得。

总而言之，张老师在《穷人》一课的教学中，紧紧抓住一个"穷"字展开教学，提纲挈领，引导学生了解经典，感悟经典。

巧用"三化"，构建高效阅读课堂

——观宁鸿彬执教《皇帝的新装》

肖　艳

课堂节录

节录一

师：下面准备读课文。读完之后，请你们给这篇童话加个副标题，一个什么样的皇帝。（板书：一个……的皇帝）。省略号是什么意思？

生：（齐）要填上形容皇帝的词语。

师：对！你怎么认为的就怎么填。

（8名学生按座次朗读了课文）

……

师：下面再给大家两分钟准备时间，请你们给本文拟一个副标题——一个什么样的皇帝，最好能结合课文作些解释。

生：我添加的副标题是"一个愚蠢的皇帝"。因为课文中那两个自称是织工的骗子，根本没织衣服。而皇帝为了炫耀自己，还穿着这件实际上并不存在的衣服去参加隆重的游行大典。

生：我拟的副标题是"一个爱美的皇帝"。因为文中的皇帝一天到晚考虑的是如何穿换新衣服。

师：你说的"爱美"是他的优点还是缺点？

生：当然是缺点。

师：如果是缺点，光说"爱美"是不行的。爱美之心，人皆有之。我也爱美，你们看，我上课还穿西服系领带呢？我这60岁的老头儿，也爱美。

但是，这是优点不是缺点。作为教师，应该服装整洁，落落大方。你能不能把刚才的说法稍加修改，使人一听，就知道说的是缺点。

生：（稍作思考）爱美过度。

师：很好！过分讲究穿戴就是缺点了。这也就是我们常说的——

生：臭美。

生：我认为是"一个虚伪的皇帝"。因为他天天换衣服，每时每刻都换衣服，换得太勤了。

师：这叫虚伪？老换衣服就是虚伪吗？

生：这叫虚荣。

师：对！那么什么叫虚伪呢？

生：虚伪就是不实事求是，不暴露真面目、真思想，搞伪装，说假话。总之，是装出一副假相。

生：我添加的副标题是"一个不可救药的皇帝"。因为他整天想的是穿新衣服，从来也不关心国家大事，这样统治国家，国家必将走向灭亡。

生：我添加的副标题是"一个无知的皇帝"。我认为那两个骗子并不高明。他们的谎话，只要有点头脑的人便可识破。他真是连起码的常识也没有，是一个无知的皇帝。

生：我加的副标题是"一个不称职的皇帝"。我说他不称职并不是因为他看不见布料，而是因为他不务正业，不明是非，不辨真伪。

师：大家从现象到本质阐明了自己的观点，这很好。我们对课文中的主要人物——皇帝有了一定的认识。

节录二

师：下面我们再来研究一下这个故事的情节。谁能用一个字概括这篇童话的故事情节？或者说这个故事是围绕哪一个字展开的？

（生翻书、思考）

生：我认为用"蠢"字概括。因为皇帝和那些大臣的言谈举止都特别蠢。

生：我认为用"骗"字概括。就是骗子的骗，因为开始是骗子骗皇帝，后来发展到皇帝、大臣、老百姓自己骗自己。

生：我认为用"伪"字，就是虚伪的伪。因为皇帝、大臣和老百姓谁也不愿让别人知道自己什么也看不见。他们宁愿欺骗别人、欺骗自己，也不愿讲真话，所有的一切都是虚伪的。

……

师：大家发表了不同的见解。你们分别用蠢、骗、伪、假、傻、装、新、心八个字概括了这篇课文。那么，这八个字哪个是正确的呢？

（众生纷纷举手要求发言）

师：很好！大家的积极性很高。不过，如果请你们现在就发表意见，恐怕还是各抒己见，一时很难统一。那么，怎样才能比较迅速地把正确答案筛选出来呢？下面我就教给你们几种办法。

（众生活跃）

师：首先，大家使用"排除法"，把不切题的答案排除掉。我们先回忆一下，刚才我是怎么提出问题的。刚才我说的是：谁能用一个字概括这篇童话的故事情节？（"故事情节"四字语气加重）

生：既然题目的要求是用一个字概括故事情节，那么"蠢、伪、假、傻"这四个字是不对的，因为这四个字说的是皇帝这个人物，是不切题的。

（众生纷纷点头，表示赞同。）

师：完全正确。这样就把这四个字排除掉。现在还剩下"骗、装、新、心"四个字，咱们使用"检验法"进一步排除。什么是"检验法"呢？就是一个一个地试用这四个字，进行检验，能够适合于文中所有人物的就留下，不能适合于文中所有人物的就去掉。

生："新、装"这两个字都不能单独用在课文中所有人物身上。因为一单独用就说不清是什么意思。所以，这两个字应该去掉。

师：现在还剩下两个字了，咱们使用"比较法"来解决，怎样比较呢？就是将这两个字分别用于每个人物，比比看，看哪个字更准确，哪个字更能表现出这个故事的特点。

生：我认为"心"字不如"骗"字好。在这个故事中，所有的人物都和"骗"字有关系，有骗人的，有被骗的，还有不被骗的。总之，一个

"骗"字说出了这篇课文的主题。

师：还有不同意见没有？

（众生摇头）

节录三

师：这些人上当受骗的原因是什么呢？大家在发言的时候，请注意结合课文具体地谈谈自己的见解。

生：我认为大家之所以上当受骗，主要是因为那两个骗子骗人。那两个骗子针对皇帝特别爱穿新衣服的特点，自称是织工，说他们能织出人间最美丽的布。

生：我认为皇帝、官员，还有百姓，他们都有一种心理，就是不想让别人认为他们愚蠢。骗子说"任何不称职的或愚蠢得不可救药的人，都看不见这衣服"。官员们是怎样想的呢？他们想：自己要是看不见，岂不是自己真如骗子所说的那样了吗？于是就照着骗子的描绘说了。

生：我觉得骗子抓住了皇帝、官员以及老百姓爱慕虚荣的心理。课文中写道："'我的老天爷！'他想，'难道我是愚蠢的吗？我从来没有怀疑过自己。……不成！我决不能让人知道我看不见布料。'"

……

师：那么这个老大臣受骗是因为什么呢？

生：是因为他虚伪。

生：我认为他第一个想到的不是别人，而是把自己放在了思考问题的首位。

师：很好！第一个老大臣之所以受骗，就是因为他虚伪，他首先考虑的是自己。那么其他人受骗的原因是什么呢？

……

生：老百姓也是不说真话。课文中写道："谁也不愿意让人知道自己什么也看不见，因为这样就会显出自己不称职，或是太愚蠢。"他们首先考虑的也是自身的利益。

师：这么多人都说假话，只有一个小孩说了真话。这个小孩为什么说实话呢?

  生:因为这个小孩儿没有考虑自己,他没有虚荣心。

  师:这样一对比,就可以从中得出一个结论:皇帝、官员和百姓,这些人在骗术并不高明的骗子面前,上当受骗的共同原因是什么呢?

  生:我认为是愚蠢、虚伪和首先考虑自己。

  师:很好!"首先考虑自己"若用一个字来概括呢?

  生:我认为是自私的"私"。

  师:完全正确!(板书:私)

  ……

  师:说得很好!就是这样。你们谈得都很深刻。这个故事告诉人们:自私自利是罪恶的根源,只有无私才能无畏。

  (众生记录)

  师:在这节课刚开始的时候,我曾经对大家说,我要教给你们一种阅读理解课文的方法。现在就请大家说说,你们体会到了没有?

  生:是不是在阅读分析课文的时候,要抓住重要的词和重要的句子呀?

  生:是不是分析课文以后,要用恰当的词把它说出来呀?

  师:你们说得都不错。这两点都是阅读理解课文的要领。不过,这不是我要教给你们的那种方法。这节课我们一起研究的问题是:皇帝、官员、百姓上当受骗的原因是什么,那个小孩没有上当受骗的原因是什么?正是因为我们抓住了这个问题刨根问底,追查原因,所以才从现象到本质,比较深刻地理解了课文。这种抓住课文叙写的事件去追查原因的阅读理解课文的方法,叫作"析因阅读法"。

观课悟道

  培养学生的阅读能力,是贯穿语文教学的一项重要任务。要完成这项任务,利用阅读课指导学生高效阅读无疑是一个重要的途径。宁鸿彬老师讲授的《皇帝的新装》,巧用"三化",引导学生深入文本,注重思维提质,体现了阅读课堂的高效。

一、教学环节化繁为简，深度挖掘

余映潮老师曾在《教学创意十谈》中指出："成功的教学设计，要求是'简化教学头绪，优化教学内容'"，这凸显了教师在教学时精心设计问题，避免"满堂问"的重要性。《皇帝的新装》教学中，宁老师简化课堂环节，仅设计了三个问题：一个什么样的皇帝？这个故事是围绕哪一个字展开的？这些人上当受骗的原因是什么？涉及探究人物形象、故事情节及主题三个方面。问题简洁，目标集中，避免了教师什么都要教，结果什么都没有教好的尴尬。而且，每一个问题都有利于引导学生深度挖掘文本内容。节录一中，在宁老师的"一个什么样的皇帝"的问题的引导下，学生深入阅读、挖掘文本，结合文本内容拟写出这是一个"愚蠢的、爱美的、虚伪的、不可救药的、无知的、不称职的皇帝"的副标题，一篇长达2700多字的文章，学生在短时间内，轻轻松松地将文中主人公的形象分析得如此透彻，足见课堂教学的高效。

二、学法指导化虚为实，授人以渔

叶圣陶先生曾说"凡为教者必期于达到不需要教"。按照课程标准，阅读教学应该重视学法的指导。学法指导应该是实实在在的，而不是虚无缥缈的。宁老师在传授故事情节的概括方法时，用的就是实打实的方法指导：明确告诉学生如何去操作。宁老师先后直接传授给学生三种方法：排除法，将"蠢、伪、假、傻"四个字快速地排除掉；"检验法"，发现"新、装"这两个字都不能单独用在课文中所有人物身上；"比较法"，比较出"骗"字更准确，更能表现出这个故事的特点。直接传授，并带领学生当场运用，检测方法是否有效，让学生在直接体验中就学会了这种方法。

还有一种就是析因阅读法。先引导学生去运用，然后让学生自己总结、提炼方法。但遗憾的是，由于七年级学生的归纳总结能力有限，并没有总结出该方法。不过，宁老师的学法指导实实在在，坚持"授人以鱼不如授人以渔"的理念，让学生学完课文后不仅仅知道"皇帝受骗"，更能自行归纳总结属于自己的方法，从读懂一篇走向读懂一类，逐步实现阅读教学从教到"不需要教"的总体教学目标。

三、思维训练化同为异，行而方远

一堂高效的阅读课必能有效刺激学生的思维，提升学生思维的品质。节录三中，宁老师从"骗"字入手，抓住矛盾之处进行解读，用"这些人上当受骗的原因是什么"的问题，启发学生从"皇帝、大臣、老百姓、小孩"各方面、各层次思考问题，从"自私"与"无私"的角度解读"受骗与没有上当受骗"的原因，从而得出"自私自利是罪恶的根源，只有无私才能无畏"的主题。宁老师的引导，从一个问题到多个角度，一生二，二生三，逐层训练了学生抓住问题刨根问底，追查原因，从现象到本质，培养了学生思维的广阔性、深刻性和独立性，从而提高阅读质量，提升核心素养。

宁老师的课，没有纷繁的设计，没有虚无的方法，没有思维的僵化，有的只是化繁为简，化虚为实，化同为异，虽朴实无华，却静水流深。

读写结合，言文合一

——观吴丹青执教《咏雪》

刘利平

节录一

师：前天下了一天的雪，大家都很高兴吧，"白雪纷纷何所似？"（师板书：白雪纷纷何所似）"何所似"的意思就是"像什么"，请同学们说说纷纷扬扬而下的白雪像什么？

生：像鹅毛。

生：像蒲公英。

生：像棉花。

生：像棉花糖。

师：刚才同学们的比喻都不错，但都是静态的描写，请注意我的问题是："白雪纷纷何所似？"（强调"纷纷"二字，提醒学生从动态方面展开想象。）

生：像翩翩飞舞的白蝴蝶。

生：像慢慢投入大地母亲怀抱的蒲公英。

生：像随风飞扬的棉花。

生：像天上落下的散冰。

师：不错，很形象。想不想知道东晋时代的两个小孩子是怎样回答的呢？

节录二

（教师一边默写课文，一边以讲故事的形式解释文言字词。）

师：谢太傅，你们知道这个人吗？谢太傅就是谢安，东晋时期一个非常有名的人，谢家是当时的望族，"寒雪日"容易理解，就是在下雪的、非常寒冷的日子里，"内集"这个词该怎么理解？（学生显得迷茫，无从下手。）我们平常说不在家，在外面，那么与"外"相对的就是"内"，你们由此可以猜猜"内集"可能是什么意思。大胆说，错了也没关系。

生：家里开会吧。

师：修改一下就可以了，"内集"就是家里的人聚在一起，用我们现在的话说就是"家庭聚会"，刚才我说谢家是当时的望族，这里的"儿女"，指的不仅仅是自己的儿子、女儿，应该说是子侄辈，"讲论文义"就是讲解诗文，"俄而"是"不久，一会儿"的意思，文言文中还有一个"俄顷"与这个词的意思相近，"骤"的解释为"急，疾进"，"雪骤"也就是雪大了，你们看到雪下大了会有什么感觉？

生：高兴。

师：文言文中"高兴"用哪个词表达？

生：笑。

生：乐。

师：不错，不过这里是用"欣然"来表达的，"欣然"就是"高兴的样子"。今天吴老师问："白雪纷纷何所似？"育才初一班的同学说：似鹅毛，似棉花，似天上落下的散冰，似飞舞的白蝴蝶。而当年谢太博问："白雪纷纷何所似？"兄子胡儿曰："撒盐空中差可拟。"拟，相比。兄女曰："未若柳絮因风起。"公大笑乐。

师：兄子和兄女的回答，你觉得哪一个好？说明理由。

生：盐好。柳絮是从下往上扬的，盐是从空中撒下的，盐是白色的，柳絮是绿色的，所以我觉得"撒盐空中差可拟"更好。

师：柳叶是绿的，柳絮是灰白色的。

生：柳絮好，盐撒了就会落下，柳絮飞的时间长点。

生：我也觉得柳絮好，盐是很细的，一粒一粒的，柳絮是整团整团，纷纷扬扬的。

生：柳絮飞和雪飞神似。

生：上句好。上文不是说"雪骤"吗？说明雪下疾了，盐撒下来就更像了。

师：这么说来"撒盐空中"更像些，但是许多人更喜欢下句，大家能猜猜为什么吗？

生：下句有诗意。

师：为什么？

生：……（答不出）

师：冬天飞雪，有人说：冬天来了，春天还会远吗？看到满天飞雪像柳絮，心里就有春天暖暖的感觉，好像温暖的春天快来了。

生：柳絮让我们感觉春天的脚步近了。

生：柳絮使我们想得远。

师：那么谢安认为谁的诗句好？为什么？

生：兄女的好，因为他大笑。

师：也许吧，但也可能是因为子侄辈一个比一个强而高兴呢。作者认为谁好？

生：兄女的好。因为后边特意介绍了兄女的情况。

师："即公大兄无奕女，左将军王凝之妻也。""无奕"是谢安的长兄，他的女儿就是谢道韫，被人称为东晋才女。后来人们就用"咏絮之才"来指代女子有才华。

（生齐读课文）

师：这篇文章出自《世说新语》，请大家回去找找这方面的材料，下堂课大家交流。

节录三

师：你们还学过哪些咏雪的诗呢？

（生齐背《江雪》）

师：你们还学过的一首诗中有一句也是写雪的："梅须逊雪三分白，雪却输梅一段香。"写了雪与梅相似与不同的地方。还有一首写雪的诗很有意思："一片两片三四片，五片六片七八片，九片十片千万片，飞入芦花都不见。"老师也写过一首《咏雪》。(师板书并解释创作的思路)

咏　雪

嫦娥银汉驾舆催，
皎兔惊追扑月台。
撞破冰宫飞玉屑，
仙花云卉满天开。

师：不过老师这首诗比起韩愈的《春雪》就差多了。我们一起来读一读《春雪》。(师板书《春雪》)

春　雪

新年都未有芳华，
二月初惊见草芽。
白雪却嫌春色晚，
故穿庭树作飞花。

(学生朗读后，师解释《春雪》的诗意。)

师：同学们下课后也写一首咏雪的诗，好吗？现代诗、古诗都可以。

师：下面给大家几分钟的时间，复习一下今天所学的课文内容，待会儿我来提问。

(学生自由读、记后，师用白话问，生用文言句子回答，复习字词的含义。问题如：故事发生在什么时间？谢太傅做了一件什么事？⋯⋯)

师：课后完成以下作业：1.积累课文中的这些文言词语；2.摘抄古代咏雪诗；3.写一篇关于雪的诗歌或文章，古诗、现代诗、散文诗、散文皆可，长短不限。

观课悟道

"言""文"并重的观点在文言文教学中已经得到普遍认可。浙派名师吴丹青在探索"言""文"合一的教学原则和教学策略时，提出："在解词析句中领悟文章（文学）意蕴、文化内涵；在探究文意时积累文言知识、培养语感。"以其执教的《咏雪》一课为例，具体做法如下。

一、以关键词句为切入点，自然入文

特级教师于漪说过，课的起始阶段，不能疲疲沓沓。

吴丹青老师在本课的导入就很有智慧。她问学生："白雪纷纷何所似？"为什么用这个问题（这句话）导入？仅仅是当地刚下了雪，教师借天时，情境导入，拉近学生与文言课文的距离，激发学生学习文言文的兴趣吗？细读《咏雪》，我们不难发现，"白雪纷纷何所似"正是故事发展的关键句，"纷纷"一词是此关键句中的关键词，关键词句往往是作者言志载道的关节点、精髓。因此，在学生"像鹅毛、像蒲公英、像棉花、像棉花糖"的回答后，吴老师强调"纷纷"一词，学生的答案马上升华成"像翩翩飞舞的白蝴蝶、像慢慢投入大地母亲怀抱的蒲公英、像随风飞扬的棉花"。这一环节，也为后面学生品味"未若柳絮因风起"的意蕴埋下伏笔。

吴老师以关键词句切入课堂，并在关键词句的解析中引导学生领悟文章内涵、文学意蕴，如京剧主角亮相，一个眼神、一个动作，干净利落，而又意味深长。

二、以文言故事为兴趣点，巧妙析言

美国教育家布鲁姆曾说："一个带着积极情感学习课程的学生，应该比那些缺乏感情、乐趣或兴趣的学生，或者比那些对学习材料感到焦虑和恐惧的学生，学习得更加轻松，更加迅速。"

《咏雪》一文是学生进入初中后学习的第一篇文言文，吴老师一边默写课文，一边用讲故事的形式解释文言字词。这一环节非常适合初中生的

年龄特点，消除了学生对文言文的畏惧心理。她不仅仅是停留在说故事，还引导学生用不同方法翻译字词：讲述到谢家家族背景时，引导学生猜测"内集""儿女""讲论文义"的意思；讲述到下大雪的情节时，让学生感受人物心情，从而引导学生用现代汉语"高兴的样子"替换文中"欣然"一词；讲述到"俄而"一词时，介绍它的文言近义词"俄顷"。

在老师以故事析言、探究文言的有意无意的训练中，学生的文言知识得以积累，文言思维得以发展，文言文的生命意义也在故事情境中更鲜活。

三、以对比拓展为突破口，言文合一

吴丹青老师一直倡导为"写"而"读"、"言""文"合一的教学理念，她说道：语文教学就是在培养学生运用语言文字能力的同时，挖掘潜能，发展个性，发展感知力、理解力、想象力、创造力，陶冶人格精神和文化品位，从而达到提升、完善人的最终目的。

由读到写，本堂课吴老师的做法既在意料之外，又水到渠成：首先，由关键词句的解析、文意的探究，自然升华到"雪"这一主题，引导学生回忆柳宗元的《江雪》，补充卢梅坡的《雪梅》；然后，对比韩愈的《春雪》与吴丹青老师自己创作的《咏雪》；最后布置课后作业——摘抄古代咏雪诗，学生写一篇关于雪的文章，体裁不限。

由耳熟能详的课内古诗到陌生的课外古诗，学生们纷纷品读诗句，热烈交流，一个又一个蕴藏在文字背后的诗意画面呈现；由远在天边的大家之千古佳作到近在咫尺的亲切师友的小诗，一石激起千层浪，大家兴趣盎然，课堂气氛高涨，从课内延伸到课外，为孩子们的自主阅读和创作开启了一扇门。吴老师在其执教的《归园田居（其三）》一课中，也用自己创作的自画像小诗与陶诗对比，以培养学生的阅读品味，激发学生的创作潜能。

吴丹青老师的这堂课不蔓不枝。教学内容切入文本的精髓，并聚焦在关键词句上；与课文内容相和谐的教学情境的营造贯穿始终；学生对词句的解析、对文章传达的意蕴的领会与写作相辅相成，既提高了学生的语言表达能力，激发了学生写作的欲望，又达到了"言""文"合一的教学效果。

追求"有趣、有情、有理"的课堂教学

——观王开东执教《林教头风雪山神庙》

王 华

课堂节录

节录一

师：首先，我想问同学们一个很愚笨的问题：小说何以叫小说？

生：老师，是不是小说刚开始不能登大雅之堂，不能和诗赋等正统文学相提并论？

师：说得好，小说一开始就是一个平头百姓，寒门女子。小说作者为了吸引眼球，在创作上大多设置虚构、新奇的故事情节，主题上则更多寄托了下层百姓的愿望和理想。有时寄托神仙鬼怪，因此诞生了神魔小说；有时寄托于现实中的英雄豪杰，于是出现了英雄侠义小说，比如《三侠五义》《七侠五义》《小五义》等；有时又寄幻想于封建统治者中的清官，于是又出现了公案小说，比如《包龙图》《彭公案》《狄公案》等。古典四大名著代表了中国小说创作的最高峰。《三国演义》和《水浒传》，你们更喜欢哪一部？说说理由。

生：我特喜欢《三国演义》，其中有很多真实的英雄人物，而《水浒传》中大多都是草寇。

师：喔，你还有点封建思想，认为草寇不上档次，是吧，还有吗？

生：我喜欢《三国演义》，主要是喜欢那种历史风云和纵横捭阖的权谋斗争。

生：《三国演义》中的人物也很有意思。

师：哦，说来听听。

生：你看刘备那么忠厚，甚至显得愚笨，但是诸葛亮却死心塌地地辅佐他。所以，我读出了刘备才是一个真正的智者。

师：有意思，还有哪些新颖的见解，说出来跟我们分享？

生：我还发现刘禅并非扶不起来的阿斗，他对诸葛亮很倚重，就是一种聪明的表现；而乐不思蜀更是他全身而退的一种大智慧。

师：说得很精彩！这就是一种创造性阅读，希望同学们保持这种阅读的姿态。还有吗？

生：我不喜欢《三国演义》中的人物，感觉他们的性格很单调，特色不鲜明。而《水浒传》就不一样了，很多人物血肉丰满。比如林冲，他的性格就经历了一个不断发展的过程。

师：就是说，你发现《三国演义》中的人物性格是平面的，缺乏变化；而《水浒传》中的人物性格却是立体的，流动的。是这样吗？

生：是的。

节录二

师：好，下面我们来做一个游戏，男生列举林冲"忍"的具体表现，女生列举林冲"不忍"的具体表现，可以结合你们看过的《水浒传》来谈，女士优先。

生：林冲沧州遇旧这个情节很重要。第一，小二在整个故事中有很大的作用。第二，遇旧交代了林冲性格中的两个方面。林冲帮小二，说明林冲扶危济困，有侠义精神；林冲说"我因恶了高太尉，生事陷害，受了一场官司，刺配到这里"，一个"恶"字，一个"高太尉"，袒露了林冲软弱的内心，善良安分、严守等级、忍辱负重。这是林冲"忍"的一面。

生：从情理上推断，林冲因为屈居下僚，肯定处处留心，时时在意，这是林冲小心谨慎性格形成的根源。

师：你说的是林冲怕丢了饭碗，是吧？还有吗？

生：文中还两次具体写了林冲防火，特别是两次锁门，而房子里实在没有什么好偷的，这些都说明了林冲的小心谨慎。

师：如此小心谨慎的林冲，为什么在小二简单的劝说中，就放松了警惕呢？

生：因为……

生：还是因为林冲性格中的懦弱，他不敢和统治者决裂，所以，用幻想来麻醉自己。明知危险，却不敢承认，不敢面对。

师：说得好，你们看，林冲都忍到这个份上了！有没有其他的旁证，来证明林冲确实是充满幻想，不敢面对？

生：有，林冲在山神庙里顶礼说："神明庇佑！改日来烧纸钱。"他把希望寄托在神灵的庇佑上，说明他还是认识到了危险，只是不敢面对。甚至草料场烧掉了，都已经是死罪了，还想着要去救火。

生：林冲的反抗其实在此之前就有了，当陆虞侯为高衙内骗林冲的娘子到自己家去，林冲就开始反抗了，不过，反抗的对象不是高衙内而是陆虞侯，这种反抗的程度很有限。

师：但这种反抗毕竟如星星之火，可以燎原。而且这样写，还有什么好处？

生：这样写，符合人物性格的发展过程和逻辑。

师：继续！

生：当李小二告诉林冲陆虞侯来到沧州时，林冲又一次怒从心头起，买刀寻凶，但最终一无所获，于是反抗的怒火慢慢熄灭，委曲求全又占了上风。

生：林冲在山神庙听到陆虞侯等人的自供状，终于忍无可忍，复仇的怒火熊熊燃烧，就像那边燃烧的草料场。终于手刃仇敌，一个有血有肉的英雄诞生了。

节录三

师：刚才同学们谈到雪与火，让我很受启发。文章中哪几次写到雪？作用是什么？

生：从林冲接管草料场开始，大雪初起"彤云密布，朔风渐起，却早纷纷扬扬卷下一天大雪来"。林冲出去沽酒时，迤逦背着北风而行"那雪正下得紧"。回来时，迎着朔风回来，"看那雪，到晚越下得紧了"。还有，林冲进庙"把身上雪抖了"，雪地杀仇，把陆虞侯"丢翻在雪地里"，最后，雪夜上梁山。

师：风雪写得很有层次，很有讲究，谁来具体说说？

生：直接写雪，比如卷起大雪，雪下得紧，雪越下得紧了；还有侧面写雪，比如林冲沽酒背风迤逦而行，回来迎着朔风，还有风雪压倒草厅；而人物的行动描写也时时不忘风雪。

师：风雪描写有何作用？

生：雪越来越大，是不是预示着情况越来越危急，矛盾冲突越来越尖锐？

生：阴冷的雪还是林冲孤苦命运的一种象征。

师：有意思，我看《水浒传》电视剧时，发现导演把雪和火结合得很好。你看，在冰天雪地里，草料场熊熊的烈火，一个孤寂、阴冷，一个迸发、暴烈。草料场的大火终于点燃了林冲复仇的烈焰！同学们接着说。

生：渲染了悲凉的气氛。风雪无情天有情！

生：推动故事情节发展。比如没有风雪，林冲就不会沽酒御寒，不沽酒御寒就见不到山神庙，见不到山神庙后来就不会到那里栖息。而没有风雪，草厅就不会倒塌，林冲也不会逃过一劫。另外，如果不是风大雪紧，林冲可能不会用大石头抵住庙门，那就听不到仇人的自供，林冲由懦弱到坚强，由屈辱到反抗，也就失去了依据。

生：烘托人物形象。最后，当林冲在风雪中大踏步走上反抗道路时，风雪衬托了一个孤独、悲壮、坚定、勇敢的英雄形象。

师：你刚才的那个画面，让我想起了一首唐诗。"去年今日此门中，人面桃花相映红。人面不知何处去，桃花依旧笑春风。"那个美人究竟长得如何，作者并未告诉我们，但借助娇艳鲜嫩的桃花，烘托出了一个美丽的女子形象。还有《荷花淀》中开头的景物描写，干净、清爽、清灵，能够很好地映衬水生嫂的美丽心灵，而且能够为下文的温馨夫妻话别渲染气氛；在主题表达上，如此美好的家园，岂容敌人来践踏！这就是水生嫂深明大义的原因。好了，现在谁来总结一下刚才我们的探究成果？

生：我们通过情节的发展史，研究了林冲从妥协忍让到奋起反抗的性格转变。

观课悟道

王开东老师主张以理想的教育实现教育的理想。他首创"三有六让"式的课堂教学方式："三有"即"有趣、有情、有理"；"六让"即"目标让学生清楚，疑问让学生讨论，过程让学生经历，结论让学生得出，方法让学生总结，练习让学生自选"。该教学方式在全国产生较大反响。现以王开东老师《林教头风雪山神庙》的课例为例，谈谈"有趣、有情、有理"在他课堂教学中的体现。

一、有趣的课堂，别开生面

上课伊始，王老师以讨论"小说何以叫小说"来激发学生兴趣。将小说比喻为"平头百姓，寒门女子"，很形象，能激疑，自然有趣。问学生"《三国演义》和《水浒传》，你们更喜欢哪一部"，要求说说理由。阅读过这两部小说的同学，分享了他们的阅读感悟，所以课堂交流显得精彩、有趣。对林冲性格中"忍"与"不忍"的具体表现及原因的分析讨论，对小说中关于雪的描写及作用的分析，王老师的问题设置恰当，追问合理，学生分析全面，挖掘深入，所以这几个片段的研讨、交流，有深度，也见趣味。当然，教师课堂语言的诙谐幽默、形象生动，也是"有趣"的表现，本课中，王老师对学生"我特喜欢《三国演义》，其中有很多真实的英雄人物，而《水浒传》中大多都是草寇"的回答作出了回应："喔，你还有点封建思想，认为草寇不上档次，是吧。"这也算一种诙谐调侃吧。

二、有情的课堂，潜移默化

课堂教学中师生之间表现为民主平等的关系，教师充分尊重学生，对学生的课堂表现，尤其是学生的研讨交流与问题回答予以及时的回应，热情的鼓励，这都算"有情"的表现。王老师对学生的课堂答问以

"喔""哦"的语气词予以及时回应，以"有意思""说得很精彩""说得好""解得好"等予以肯定和鼓励，尤其是对学生的回答予以点评，帮助其明确化、清晰化，如"你说的是林冲怕丢了饭碗，是吧""你刚才的那个画面，让我想起了一首唐诗"等，都体现出教师的人情味，充分尊重学生、亲近学生、激励学生，自然会让学生"亲其师，信其教"，学习起来会更专注、更投入，潜移默化之中会收到"学文育人"的效果。从这一角度说，课堂教学中的"有情"实际上是指有人性，有人情，温情，温暖。这种有温度的课堂教学能充分保证学生的主体地位，让学生赢得应有的尊严，受到应有的尊重。

三、有理的课堂，探讨深刻

王老师从引导学生探讨"小说"名称由来入手，让学生分享阅读《三国演义》和《水浒传》的感受，在学生陈述更喜欢哪一部小说的理由中，自然地引入正题，探讨林冲性格的发展史，梳理小说的情节。这种导入"有理"，在激趣的同时，巧妙引入课题。本节课依次安排了梳理小说情节、分析林冲性格的发展变化、关于雪的描写与作用、林冲由"忍"到"不忍"的原因分析、塑造林冲形象的社会意义、让学生给林冲写一首礼赞的歌等内容，整个教学内容的安排"有理"，由表及里，由浅入深，层层推进，课堂结构明晰，教学思路清晰，富有较强的逻辑性。在引导学生探讨林冲性格的发展变化时，针对学生归纳出的林冲性格中的"忍"与"不忍"，王老师给学生分配任务，要求"男生列举林冲'忍'的具体表现，女生列举林冲'不忍'的具体表现，可以结合你们看过的《水浒传》来谈"。这种教学内容的安排"有理"，顺着学生的回答，依据学生提出的话题，组织教学，深入探讨。这种教学内容的展开，可能是教师提前预备了的，也可能是临时起意，但无论哪一种情况，顺着学生的回答作进一步的展开探讨，有助于学生全面、深入分析问题，明确、彻底解决问题，当是符合学生认知规律与教学逻辑的。

总之，王老师本课教学较好地体现了他"有趣、有情、有理"的课堂教学追求，取得了可喜的成效。

匠心独运，返璞归真

——观黄厚江执教《装在套子里的人》

桂荣玲

节录一

师：现在请同学们阅读课文，数一数别里科夫身上有多少个套子。请大家边看书边在套子下面画横线。

（学生边看书边找套子，大约3分钟。）

师：哪位同学先说说？

生：13个。

师：请具体说说。

生：雨鞋，雨伞，棉大衣，伞套，表套，刀套，脸套子，衣领，黑眼镜，羊毛衫，堵耳朵眼的棉花，车篷，壳子。

师：大家先看看有没有重复的？

生：有。"脸套子"就只有"衣领"，还有"壳子"是一个总的说法，不能看作一个具体的套子。

师：很有道理。那是不是就只有11个套子呢？

生：不是。

师：还有哪些套子呢？

生：古代语言。

师：为什么呢？

生：因为"古代语言，对他来说，也就是雨鞋和雨伞"。

师：你的分析方法很好。阅读理解就是要善于从文中找根据。那还有没有其他的套子呢？

生：还有许多。如"那些从没存在过的东西""政府的告示""报纸上的文章"，对他来说，都是套子。

生：还有，他最爱说的一句话"千万别闹出什么乱子"，其实也是他的一个套子。

师：大家分析得非常好。还有吗？

生：他的房子、卧室、帐子、被子，也都是他的套子。

师：大家找得很细，分析也比较准确。课文这一小节有几个字词要注意一下读音。（板书：蹩、宵、采、僻）那么，他的身上到底有多少个套子呢？

（学生阅读数套子。有人说20，有人说24，发生争论，期待老师的结论。）

师：我看同学们不用再争论了。为什么呢？因为别里科夫身上的套子是数不清的。除了小说里已经具体写出来的，其他有没有了呢？我看肯定还有。（板书：数不清的套子）

节录二

师：但我想问一问同学们：别里科夫身上最主要的一个套子是什么呢？

生：是思想上的套子。因为思想支配一个人的一切行动。

师：很有道理。但我以为还不够准确，或者说，我的观点和你的差不多，但又有区别。大家的意见呢？

（学生看书）

师：在小说中，作者花费笔墨最多的是哪方面的内容呢？

生：恋爱的故事。

师：对。我以为，别里科夫身上最主要的套子就是爱情上的套子。为什么呢？一是作者前面写那么多的套子花的笔墨并不怎么多，而写爱情这个套子，花了很多的笔墨。二是任何情况下，别里科夫都没有试图走出套子，唯有爱情的套子使他差点"昏了头"——当然，最终他不但没能钻出套子，反而死在了这个套子上。

别里科夫的恋爱是不同于一般人的爱情故事。是一个什么样的爱情故事呢？请同学们看书，然后用恰当的词语给他的"爱情故事"加一个修饰语。想好以后，大家写在一张小纸上。我们马上比较一下，看哪一种概括比较好。

（学生看书概括，教师收集答案。）

师：我们现在来比较一下几个有代表性的意见，看哪一个概括得更好：耐人寻味的，滑稽的，可悲的，可笑的，离奇的，昏了头的，漫画式的，可怜的。大家讨论一下，哪一个最好，或者说哪些不够好。

生："离奇"不好。离奇是说不同寻常，一般指过程比较曲折，别里科夫的恋爱过程并不曲折。

生："耐人寻味"也不好。"耐人寻味"是说很含蓄，很有启发性，用在这里不恰当。

生："可怜"也不行。这并不是一个让人同情的故事。

师：大家的分析非常好。还有其他意见吗？

生："可悲"强调一种悲剧性，或者说手段不正当，用在这里也不妥。

师：现在我们集中看一看，剩下的几个哪一个更好一点？

生："滑稽"和"可笑"意思差不多，可去掉"可笑"。

师：现在还剩三个，我们表决一下。

（学生举手表决）

师：我看其中有一个内涵比较单一，也就是说不如另外两个内涵丰富，可以去掉。

生：滑稽。

师：我也这么想。"漫画式"的内涵就包括了"滑稽"的意思。那么，另外两个哪一个更好？我看我们就不再讨论了。不过，我喜欢"漫画式"这一概括。当然，用"昏了头"也不错。要提醒大家注意，用这个词概括，应该加一个引号，因为这是——

生：课文中的话。

师：作者在全文夸张特征的基础上，通过这样一个漫画式的恋爱故事更深一步揭示了人物的内心世界。

节录三

师：现在，我们一起来思考一个问题：这篇小说的标题有两种不同的译法，还有一种译法为"套中人"，大家比较一下哪一个更好。

（学生根据观点表决，并分组讨论。）

师：我们分别请代表发言。先请认为"套中人"好的代表发言。

生：简洁，而且人物特征更突出。

生：我认为，这一个"装"字非常重要。

师：为什么呢？

生：因为一个"装"字告诉我们，别里科夫成为套中人，不是他自己的原因，是别人，是沙皇专制制度的罪恶。

师：同学们，这两个不同译法的标题或许各有千秋，但这个"装"字的作用确实不可忽视。想一想："装"能换成"钻"吗？

生：不能。"钻"是自己进去的，"装"是别人塞进去的。

师：是谁塞的呢？

生：沙皇专制。

师：非常好。这正是小说主题的深刻之处，它告诉我们，别里科夫成为套中人固然有自身的原因，但更重要的是专制制度对知识分子的压制和毒害。可见作者的矛头不是指向别里科夫，而是指向专制统治者；别里科夫也不是个别人，而是——

生：一类人。

师：对，是一种现象。从什么地方可以看出，别里科夫是一类人呢？

生：课文最后。

师：好，我们来一起看小说的结尾。这段话四个句子有两层意思，大家看一看表示两层意思过渡的词语是什么，两层意思的重点又是什么？

（学生看书）

师：过渡的词语是哪个？

生：可是。

师：从这个过渡词语可知意思的重点在前还是在后？

生：在后。

师：在哪一句？

生：在最后一句。

师：由此我们得到哪些启发呢？

生：别里科夫是一种社会现象。

生：别里科夫是专制制度的产物，要消灭别里科夫现象，必须消灭专制制度。

师：这确实是小说的深刻主旨所在。但是不是沙皇专制制度消灭了，别里科夫现象就没有了呢？

（学生沉默。部分学生摇头。）

师：这倒是一个让人深思的问题。哪位同学先谈谈自己的想法？

生：不能这么说。沙皇制度消灭了，还有其他的专制制度。

生：即使没有专制制度，但旧制度影响下产生的套中人也未必就会绝迹。

师：分析得不错。还有其他意见吗？

生：在我们身边就有许多"套中人"。

师：请具体讲一讲。

生：像我奶奶，什么东西都是旧的好，凡事都要按老规矩，我看她就是一个套中人。

（有学生发笑）

师：请大家看看，这位同学的奶奶是不是一个套中人？

（学生讨论）

生：老师，你说呢？

师：我想先听听你们的意见。——好，大家不想发言。你们先表个态，我再说说我的意见。

（学生表决：有人认为是，有人认为不是，有人没有举手。）

师：我认为不是……

生：不是。

师：对，同学们应当把套中人和思想上有套子的人区别开来，还要善于抛弃自己思想上的套子。

观课悟道

"把语文课上成语文课，用语文的方法教语文"，这是黄厚江老师"本色语文"的核心主张。《装在套子里的人》的课堂教学是黄老师本色语文教学的典范，课堂追求"朴实"，教学内容简明，教学过程简捷，教学方法简易，语文能力训练实在。匠心独运，返璞归真，非常值得我们借鉴。

一、聚焦"题眼"，教学过程简捷

黄厚江老师认为，课堂教学，"首先要有一个明确而合理的逻辑起点""整个教学过程聚合于一个集中的点"，这堂课很好地体现了这一思想。整节课，黄老师抓住题眼"套子"这个点，串联全部教学内容，由表及里，抽丝剥茧，层层生发。首先，他从"数一数别里科夫身上有多少个套子"入手，让学生快速阅读，找"套子"，接着追问"还有哪些套子呢"，进一步探索"别里科夫身上最主要的一个套子是什么呢"，逐层深入，拾级而上。最后通过比较"套中人"和"装在套子里的人"两个标题的内涵，感受人物的鲜明形象，揭示小说深刻主题，使学生在深入理解人物性格和形象意义的同时，很好地认识到夸张、幽默的讽刺手法的特点和表达效果。整个教学始终围绕着"套子"这一个点展开，过程简捷，巧妙而高效。

二、巧设问题，课堂组织独特

吕叔湘先生说："如果说教学法是一把钥匙的话，那么在所有的教学法之中还有一把总的钥匙，它的名字叫作'活'。"教学有法，但无定法。课堂上，从数套子到分析人物形象，最后探究出小说主题，黄老师的问题设计很有层次，很有深度，层层剥笋，丝丝入扣，转合自然，不落斧凿痕迹。并且，黄老师通过问题的驱动，激活学生的思维，让学生发现问题，提出问题，生发出有价值的问题，并能及时解决问题。比如，课堂上，黄老师从文中的"套中人"，启发学生联想到现实生活中的"套中人"，引导学生明确把"套中人"和"思想上有套子的人"区别开来，还要善于抛弃自己思想上的套子。巧妙提问，循循善诱，提高了学生的思维能力。黄老师"活"教，带动学生"活"学，本色当行，和谐共生。这堂课真刀真枪，实实在在，是思维的大餐，智慧的花朵自然绽放。他那细针密缕、天衣无缝的组织教学，功夫实在了得。

三、抓住"关键"，语言训练实在

钱梦龙先生说："阅读教学就是以文本为凭借的语言训练。"黄老师的《装在套子里的人》一课紧扣文本，开展丰富的听、说、读、写活动，语言训练实在。如，让学生看书概括，"用恰当的词语给他的'爱情故事'加一个修饰语"，并写在纸条上，然后比较学生写出的几个代表性意见：耐人寻味的，滑稽的，可悲的，可笑的，离奇的，昏了头的，漫画式的，可怜的等等。让学生说哪一个最好，哪一个不够好。黄老师并没有直接抛出答案来"统一思想"，而是引导学生通过排除法、比较分析法，一步步找到最好的答案，通过理解"这样一个漫画式的爱情"，为深入分析人物命运，挖掘小说主题作了很好的铺垫。又如，在挖掘小说主题时，抓住关键词语，用心辨析，黄老师让学生通过比较"套中人"与"装在套子里的人"两种译法，辨析"装"与"钻"两个词语的区别之后，让学生说出自己的理解，在反复的语言玩味中挖掘出小说深刻的主题。点评讲解，毫不做作，巧遣语言，功夫老成。

黄老师的课，以语言为核心，以语文学习为主要形式，以提高学生语言素养为根本目的，没有花拳绣腿，学生活动，师生互动，简单实在，却又匠心独具，要言不烦，返璞而能归真，出色之后显本色，真正上出了语文课的"味"了。

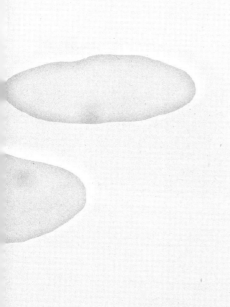

第三辑 说明及说理类

"趣"教说明文

——观赵志祥执教《鲸》

蒋佳新

节录一

师：我这个人喜欢突然袭击。现在，班长、语文课代表、英语课代表请上台，其他同学准备好纸笔，做好正确的写字姿势，准备听写。

（听写"肢、胎、肺、滤"后，教师点评三个学生听写的生字并加以纠正，重点纠正"肺"字。）

师：下面请同学们相互检查，特别要注意那个"肺"字。有没有人把右半边写为城市的"市"？（几个学生举手）哈，老师没教生字就听写，而且是突然袭击，全班竟然不超过十个人写错这个很多大人都容易写错的肺字，了不起！记住了，这是个形声字，左形右声，右边这个字（板书：市）念fú。对了，顺便告诉大家，宋朝有个大书法家叫米芾（板书：米芾），以后见到这个名字千万不要叫"米市"哦！（笑声）

师：大家的字写得很整洁，但好像不是那么美观。我现在教你们一些写好字的招数，好不好？（讲解月字旁、三点水的写法，范写"滤"。）我也喜欢被赞扬，我写得好吗？

生：好！真好！

师：哈，谢谢！五个生字，大家听写了四个了，还剩下一个，我来写。注意哦，我写字和一般的老师不一样。

（在黑板上书写了一个大大的行楷字"鲸"，学生一片嘘声。）

师：嘘什么呀？大家发现了什么？

生：老师写的字太大了！

师：说得好！

生：有几笔是连着写的。

师：连着写，是为了什么？

生：是为了把字写得快一些。

师：我为什么把"鲸"字写得又大又快？

生：我想可能是这头鲸长得非常大，游得很快，老师为了提示我们，所以就把这个"鲸"字写得又大又快。（众笑）

师：了不起！（一边走向该生，一边掏腰包，笑声不断——课前谈话中，老师曾给第一个发言的学生发了"利是"）给你两个"利是"（生大笑）。不过，请你给同桌一个，学会分享。孩子们，你们太聪明了！什么都别说，每人都有一份，好不好？（生大声叫好，教师从袋子里拿礼物，学生感到异常惊喜。）下面只要是发言的，只要是举手的，只要是动脑筋的，你就会得到"利是"，暂时先让它们躺在这儿，好吗？（生齐答：好！）

太精彩了，一下子把我的心思全说出来了。游得快，个儿大。太快了！太大了！（师板书：大）这，就是"鲸"啊！

节录二

师：这么大的一头鲸，如果让我们去给别人宣传它的大，能不能宣传得很大？

生：能！

师：好，信心十足！请看课文第一段，谁能把它读得非常大？究竟是能读出16万公斤重，还是19万公斤重？

生：30万公斤！

师：吹牛，还是真的？

生：（齐）真的！

师：是个别读还是集体读？

生：（齐）集体读。

师：好！（教师起头，生齐读第一自然段。）

师：声音没得说——洪亮、整齐，朗读的技巧也不错——轻重缓急结合得完美无缺，只是语气太重。声音还可以压低一点，往往声音压低的时候能制造紧张气氛。（众笑）如果真的有一头十六万公斤重的鲸突然站在你面前，你还会用最大声叫"十六万公斤重"啊？（生笑）轻一点，一边读一边想"我就是地球上的生物一分子，我有如此庞大的身体"，你应该感到自豪，你的脸上洋溢着自豪和骄傲。来，声音压低点，语速慢一点，自豪一点，读——

（学生按照老师的指导朗读）

师：声音没有刚才大，但是鲸却长高了，长大了，估计有18万公斤重！为什么还没达到20万公斤重甚至30万公斤重呢？很多同学语气、声音变化了，但是表情变化不够。表情是一种体态语言，很重要。回去后多对着镜子练一练吧。（笑声）

生：我大胆地提议，请赵老师读一遍好不好？（笑声、掌声）

师：你胆子真够大的，敢让老师读！不过，我不怕，我力争读出18万公斤重。我读的时候，你们是愿意看着，还是愿意听着？

生：看着。

师：行，有一条，我读完，你读！（众生大笑）

师：敢不敢？

生：不敢！（笑声）

师：男子汉，要有勇气，有信心！

生：好！

师：行，咱俩分着读，我读"比较"，你读"列举数字"。为了更加精彩，全班同学来一起"假设"。我"18万"，你"19万"，全班同学达到"20万"。（师生分别读第一自然段）

师：好，你确实达到了"19万"，全班同学达到了"20万"。不过，有一条，恕我冒昧问一下，你胆有点小？

生：是的，有点紧张。

师：你要是放开胆子读，我保证你一定能读到"21万"。（众生大笑）

信不信？

　　生：不信。

　　师：自己都不信？能不能试一试？

　　生：能！

　　师：教你一招：读"一条舌头就有十几头大肥猪那么重"这一句，读到"十几头"时要把眉毛扬起来，看我。（教师示范，笑声）来，全班同学一起扬眉，读读这一句！

　　生：（齐读）"一条舌头就有十几头大肥猪那么重。"（众生笑）

　　师：来，该你了。

　　（生读，声情并茂。）

　　节录三

　　师：（播放鲸的画面）帅不帅？

　　生：帅！（屏幕上出现三个字"帅呆了"，生自发齐读，大笑。）

　　师：再看（换画面），光凭这一高难度的动作，就该给它起一个好名字。

　　生：恕我直言——"扭动的虎鲸"。

　　师：哈，还"恕我直言"，挺文雅的嘛！"扭动的虎鲸"，名字很形象，不过，看清楚，它不是虎鲸哦。

　　生：海洋中的田亮。

　　师：想象丰富！

　　生：永恒的雪花。

　　师：比较贴切。

　　生：脖子扭扭，屁股扭扭。（笑声）

　　师：融入现代歌曲，有创意！

　　生：水上芭蕾！

　　师：妙，妙不可言！

　　师：再来一个！（换画面）

　　生：哇，好美！

师：可以用一个什么词来形容它？

生：海洋之花。

师：太有诗意了！

生：金波跳跃。

师：美丽无比！

生：朝阳下的睡美人！（笑声）

师：应该是"朝阳下的'懒'美人"！（笑声）

生：海上出美人。

师：哇，倾国倾海呀！（笑声）

师：再看一幅，（课件展示）这就是蓝鲸。

生：海军上校。

师：帅、酷！

生：老态龙钟！

师：攻击本团长？（笑声）

生：英俊潇洒！

师：哈，谢谢，有点过誉。（笑声）

生：老当益壮！

师：太好了，你当副团长！（笑声）

生：壮志凌云。

师：道出本团长的心声！你当首席秘书助理！（笑声）

师：再看一幅。

生：海上蝴蝶花。

师：美极了！不过这个词语对于这个画面来说有点太轻巧了。

生：海面出尾翼！

师：不错，就是太直白了点儿。

生：张小泉牌剪刀。

师：我告诉你，张小泉的剪刀往这里一放就扭曲变形了。但是，你想象力丰富，升为团副，享受团长待遇！（笑声）看本团长想到了什么，一起读。

生：二月春风"怕"剪刀。（笑声）

师：我准备选五个团副，想竞争团副有两个条件：第一，待会儿把名片交给你们王老师看，如果老师给你签了三星，你就参加竞选。第二，要像我一样，我有团长宣言，你们要有演说词。可以吗？

生：可以。

师：请继续听本团长演说。"吾老矣，子孙之事皆不问也。欲知他们之事，且听他们分解也。Bye-bye，bye-bye，bye-bye也！"（笑声）

今天的作业就是写你们的竞选"宣言"。写好后可以交给王老师批阅，也可以直接发电子邮件给我看。如果你想写信寄到我那儿，"利是"上有我的地址。不过，千万不要写"深圳市老蓝鲸收"。（生大笑）下课！

观课悟道

著名特级教师赵志祥老师的课堂机智幽默，师生互动灵活多彩，生成性强，课堂教学注重动态过程，常有"想不到的精彩"（杨再隋教授语）。

说明文重理性，文本情感不是很强，要想激发学生的学习情感，取得好的教学效果，确实不易。而赵老师执教说明文《鲸》，却是趣味不断，精彩纷呈，让人受益匪浅。

一、针对特点"趣"板书

孔子曰："知之者不如好之者，好之者不如乐之者。"可见，教学中激发学生的学习兴趣是非常重要的，尤其是在比较理性的说明文教学中，适当的"趣味"能让学生在理性学习中感受另一种乐趣，从而更好地促进学习。赵老师在执教《鲸》时，首先对学生课前预习情况进行了检查，突然"袭击"听写，然后，用非同寻常的方式，快速写出一个大大的"鲸"字，并让学生猜：老师为什么这样写？学生一下子被这种书写方式吸引了。这样书写课题虽然有点夸张，但让学生感到很新奇，无形中激发了学生"猜想"的欲望并积极去猜想。因为在课前，学生已经预习了课文，自然会联系课文内容，想到鲸的特点——"大"，这样的安排让学生很轻松地了解了鲸的特点，并用准确的词语概括出来，妙趣横生。

二、巧用动作"趣"朗读

我国著名教育家叶圣陶先生说："教是为了不教。"指导学生朗读是"教"的一种方式，目的是引导学生认识朗读的重要性并提高朗读能力。在说明文教学中，我们完全可以通过朗读让学生明白事物特点，也可以通过朗读来表现事物特点。那么，如何更好地指导学生进行朗读呢？赵老师执教《鲸》，对于如何在朗读中表现鲸"大"的特点，突出了对文段中"十六万公斤""十几头大肥猪"等数字的朗读指导，告诉学生朗读时要特别注意朗读语气和声音高低，更有趣的是，赵老师指导学生读"十几头大肥猪"时加上了"扬起眉毛"的动作，这样有趣的动作，让学生感受到朗读的乐趣，更重要的是加深了学生对鲸"大"这一特点的理解，直观形象，风趣幽默，充分激发了学生的朗读兴趣。因为通过"十六万公斤"和"十几头大肥猪"的数字朗读指导以及"扬起眉毛"的表情、动作，学生对文本理解透彻，"趣味"朗读，效果非常好。课堂生成，精彩不断，学生在笑声中越读越好，声情并茂，即使情绪不高的学生，一下子也被调动起来了。

三、启发想象"趣"训练

说明文教学中进行言语训练，发展学生言语也是很重要的事情。赵老师在执教《鲸》的最后环节充分利用多媒体课件，展示关于鲸的一个个动态画面，引导学生发挥想象，用准确的语言给画面命名，进行语言训练。赵老师的语言训练设计新颖有趣，语言幽默风趣，富有激情，往往会给听课者一种美的享受。在这节课的语言训练活动中，赵老师用幽默又富有启发性的语言，配合动态画面，创设情境，对学生进行引导，学生思想碰撞，智慧萌生，精彩不断。得益于赵老师对学生想象的激发和语言的启迪，学生想象丰富，"海洋中的田亮""朝阳下的睡美人""海上蝴蝶花"……学生的一个个描述，符合画面情境，用词准确、有趣。活动结束后，赵老师安排学生课后写竞选"宣言"的作业，读写结合，"趣味"不断延伸。

赵老师不同平常的"趣"写课题，让学生轻松明白鲸的特点；赵老师

"扬起眉毛"指导学生"趣"读课文表现鲸的特点，诙谐形象；赵老师以语言引导和画面情境辅助，激发学生想象"趣味"表达，课堂生成精彩不断。这样的课给人启发，让人难忘。

我们常常说，说明文教学比较枯燥，但从赵老师执教的《鲸》一课来看，说明文教学也是可以更轻松、更有趣的！

一语天然万古新，豪华落尽见真淳

——观钱梦龙执教《中国石拱桥》

姜力强

课堂节录

节录一

师：在宣布课题之前，先请同学们帮我把一句话说完：假如我有一道数学题不会做，去请教×××同学，这位同学就要把这道题的做法向我详细地——

生：（齐）说明！

师：对。就是说明。说明，跟记叙、议论一样，也是一种用途很广的表达方式。有的人说明的本领大，一说就明；有的人却越说越叫人糊涂。可见，说明要讲究什么？

生：（齐）方法。

师：对！今天我就要看看同学们说明的本领怎么样。（出示教学挂图——中国石拱桥）

师：现在，你们都知道要学什么课文了吧？但请你们不要看书。（手指挂图）这上面画的是什么？

生：（齐）石拱桥。

师："拱"是什么意思？查查字典。

（学生查字典，了解"拱"的音义。）

师：（手指挂图）这是一个什么？（生：大拱）这四个是什么？（生：小拱）好，现在就请你来说明一下这个大拱和四个小拱的位置关系，看你们越说越明白呢，还是越说越糊涂。谁先来说？

生：大拱的两边各有两个小拱。

师：我来照你的说明画画看。（板画）

师：你说的桥跟实际的桥不太像吧？小拱的位置不对。

生：大拱两边的顶部有四个小拱。

师：究竟是两边，还是顶部？如果顶部有四个小拱，应该画成这样。好像也不对吧？

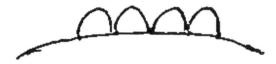

生：桥身的左右两边有两个小拱。

师：那就是这个样子了。（板画）你这样说，一共只有两个小拱了。

生：在大拱的两端各有两个小拱。

师：唔，两端，那得这样画了。（板画）

生：不是这样，我的意思……

师：两端，就是两头。根据你的意思，只能这样画呀！

（生尚欲辩，一时语塞。多数学生跃跃欲试，气氛越来越活跃。）

生：大拱两端的上方各有两个小拱。

师：那得画成这样。（板画）看来要说明一件东西，实在不容易啊！谁还想试一试？

生：在大拱的上面，桥面的下面，各有——（被学生的笑声打断）

生：在大拱的两端依次向内的桥身上各有两个小拱。（学生议论：这太啰唆。）（仅有几个学生自告奋勇地起来说明，但都被大家的笑声否定了。）

师：好了！我们不要再说了。还是让我们看看书上是怎么说的吧！现在，请大家看课文《中国石拱桥》，不要全文看，就看关于赵州桥的两小段说明。

（学生默读课文，约两分钟。）

师：好，请仍把课文合拢。刚才大家都说不清大拱和小拱的关系，现在谁来说说看？

生：在大拱的两肩上，各有两个小拱。

师：你们看，这个"肩"字用得多准！不是顶上，也不是两端，而是"两肩"。还有一个字非常重要，是哪个字啊？

生：（齐）"各"字。

师：为什么这个字重要？

生：因为大拱的每个肩上都有两个小拱。

师：对，"各有"，不是只有一肩有。可见说明事物要说得让人家明白，有一点十分重要，你们说是哪一点？

生：用词准确。

师：对了。说明事物用词要准确，这是我们得到的第一个结论。（板

书：用词准确）

节录二

师：现在请把书打开，我们再来看课文。课文说明赵州桥的特点，一共讲了几点？

生：（齐）四点！

师：能不能把第四点移前作第一点呢？

生：不好，第一点应该讲大拱，而第四点讲的是桥栏上雕刻的花纹。

师：为什么应该先讲大拱呢？

生：因为作者是从上到下说明的。

师：那么先说桥栏有什么不好呢？桥栏不是在上面吗？也是从上到下呀！

生：应该先说大拱。因为多数读者没见过赵州桥，先说大拱，读者眼前就出现了赵州桥大致的模样。如果先写桥栏上精致的花纹，读者连桥是什么样子也不大清楚，那就不好了。

师：有道理！（对另一同学）你要发表意见是吗？

生：因为说明的是一座桥，主要应该说明它的结构特点。

师：哦，结构特点，讲得好！那么这座桥的结构特点是什么呢？

生：这座桥有一个很大的独拱，在大拱的两肩上各有两个小拱。这在当时是独创的。

师：讲得真好！刚才我们得到了一个结论：说明事物要用词准确。从这里我们又能得到什么结论呢？

生：要抓住特点。

师：对！那么拱桥最主要的特点是什么？

生：（齐）拱！

师：是呀，没有了"拱"，那就不成为拱桥了。可见说明事物首先要抓住事物的特点。（板书：抓住特点）下面我们继续讨论。文章说明赵州桥的特点，先写大拱，第二点写了什么？

生：（齐）小拱。

师：第三点呢？

生：（齐）拱圈。

师：第四点是——

生：（齐）桥栏上的雕刻。

师：你们看，这四点写得有条不紊。从这里，我们懂得说明事物还要怎么样？

生：按照顺序。

生：先主后次。

师：两种说法都很好。先主后次也是个顺序问题。我就这样写：注意顺序。（板书：注意顺序）你们看，我们从这段文章的阅读、讨论中，得到了这样的结论：说明事物一要注意顺序，二要抓住特点，三要用词准确。现在我们来阅读全文，看看整篇文章是不是符合说明事物的三个要求。

节录三

师：我请两位同学先来朗读一下课文，其余同学一面听，一面思考一个问题：刚才讨论的关于赵州桥的两小段在整篇文章中处于什么地位？起什么作用？

……

师：现在请大家回答我的问题：写赵州桥的两段在整篇文章中所起的作用是什么？

生：写赵州桥起了一个举例说明的作用，前面的文章是总述，后面写赵州桥就是分述，是摆事实。

生：赵州桥仅仅是这篇说明文中的一个例子。

生：作者写赵州桥，因为它是我国古代无数石拱桥中的一个典型。

师：哦，说得很好。×××同学还有补充意见？起来说！

生：石拱桥一共有两种，一种是独拱的，一种是联拱的。赵州桥是座独拱石桥，作者用它来说明独拱石桥的结构特点。

师：讲得非常好！她把课文中写到的两座石拱桥赵州桥和卢沟桥联系起来，了解了作者之所以要写这两座桥，是因为它们代表了两种典型。读书就要这样瞻前顾后。这两小段在整篇文章中的作用明确了，下面再请同学把整篇文章的结构理一理，看看作者是怎样一步一步进行说明的。大家可以小声议论一下。

（学生小声议论）

生：文章先讲了中国石拱桥在世界桥梁史上的地位——

师：等一等，第一段写的是中国石拱桥吗？

生：（齐）写的是石拱桥！

师：是指中国的吗？

生：不是，是世界各地的石拱桥。

师：是啊，然后把世界各地的石拱桥这个范围缩小，缩小到——

生：（齐）中国石拱桥！

师：对，看文章要仔细。好，现在你讲下去。

生：然后介绍了赵州桥和永定河上的卢沟桥，最后总结了石拱桥……中国石拱桥建筑的光辉成就。

师："中国"两个字补得好。这一节课我们弄懂了说明事物的三个注意点，也初步理清了整篇文章的顺序。下一堂课，我们将要根据这三点，进一步看一看这篇文章说明事物的方法。

观课悟道

说明文是以说明为主要表达方式来解说事物、阐明事理而给人以知识的文章体裁，它一般没有记叙文动人的情节，没有散文优美的语言，也没有诗歌澎湃的激情，所以上好说明文的确很不容易。钱梦龙老师执教的说明文《中国石拱桥》一课，虽然已经过去30余载，但对我们当下的语文教学仍然具有借鉴意义。下面我从三个方面来谈谈自己的观课感悟。

一、注重"言语"——最本真的语文内容

著名教育家叶圣陶先生认为："语文课程的主要任务是让学生认识语言现象，掌握语言规律，学会正确地熟练地运用语言这个工具。"并一贯

强调"语言文字形式上的训练是语文教学的基本内容"。然而，在很多教师看来，语言训练无非是瞄准考试做练习，阅读教学也就是"读课文—做题目—讲答案"。这种看法显然过于狭隘。我们来看钱老执教《中国石拱桥》，他以"拱"为线，步步深入，落实语言训练。上课初始，钱老先让学生查字典理解"拱"字的音义，然后出示赵州桥挂图，按照"看图—说图—画图"三步，请学生说明"这个大拱和四个小拱的位置关系"，就在学生"心有所思，口不能言"的"愤悱"之时，钱老才让学生在文中找到相应句子——"在大拱的两肩上各有两个小拱"，通过比较"边""顶""端"与"肩"以及"有"与"各有"两组词语的微妙之别，让学生感知"肩"字的传神、"各"字的准确，理解这个句子的作用——形象准确地说明了赵州桥拱洞的数量、大小和位置关系。钱老在此基础上接着让学生再看课文，设问从"课文说明赵州桥的特点，一共讲了几点""能不能把第四点移前作第一点呢"到"为什么应该先讲大拱呢"再到"这座桥的结构特点是什么呢"，由浅入深，呈现梯度，引导学生一步步发现并说出说明事物要"注意顺序""抓住特点"。

阅读教学中的语言训练是依托课文进行的，是理解语言文字与理解内容相统一的过程，其出发点是语言文字，其落实点也应该是语言文字。钱老向我们深刻地诠释了这一点。

二、强调"说明"——最凸显的文体意识

"千课一律"，可能导致学生对文体特点和相关知识的认知缺乏。不同文体，应该有不同的教学内容，以及与之相应的教学策略、教学方法等。说明文教学自然要体现说明文文体的特点。《中国石拱桥》一课生动展现了钱老的匠心独运，教法灵活。但纵观整个教学过程，无论教法怎样"活"，钱老始终都立足于说明文文体特点，紧扣说明顺序、说明对象的特点、说明语言等说明文的要素展开教学，让文体意识流淌于课堂。首先，上课伊始，钱老假借"请教数学题"引出"说明"，再通过一试说明"这个大拱和四个小拱的位置关系"的活动，让学生领悟"用词准确"。接着通过分析"赵州桥的第四个特点能不能移前"，一步步得出结论——注意顺序，抓住

特点。然后通过朗读分析"写赵州桥的两段在整篇文章中所起的作用是什么",进而理解通篇文章结构的逻辑性。最后结语再一次强调"说明"。钱老以《中国石拱桥》为例,帮助学生认识了说明文,发现说明文的基本要素,提升了学生说明文的阅读能力。"教材无非是例子"是叶圣陶先生从他半个多世纪的教育生涯中得出的结论,钱老的这堂课充分体现了这种语文教育思想。

三、善于"搭桥"——最朴素的教学方法

黄厚江《语文的原点》一书中谈到:"从某种意义上说,语文教学只有没有使用好的方法,只有用得不恰当的方法,而没有什么新方法,更没有什么新模式。"钱老凭一张嘴、一支粉笔、一块黑板、一幅挂图,用最朴素的方法一样把《中国石拱桥》上成经典的语文课。原因何在?我们从整个课堂反馈来看,学生对文本的理解、对"说明"的表达其实都有欠缺,回答并不完美。一些教师面对这种情况,也许会"填鸭式"地一味灌输,甚至"牧羊式"地放任自流,而钱老却始终作为学生的"铺路人""搭桥者",通过巧妙设问,因势利导,使学生由未知到达已知的彼岸。如,教学初始,钱老并没有直接向学生讲解有关说明文的基础知识,而是"曲问"——"说明一下这个大拱和四个小拱的位置关系",然后按照学生的语言表达快速画出草图并随即评价,让学生在反复尝试却"越说越叫人糊涂"之时产生急切阅读文本的心情,这就为深刻体会"说明必须用词准确"搭建了很好的"桥梁"。再如,学生认为赵州桥的四个特点是按"从上到下说明的",钱老便立即追问:"那么先说桥栏有什么不好呢?桥栏不是在上面吗?也是从上到下呀!"这让学生立刻意识到自己分析的片面性,进而一步步领悟"说明特点也要按照先主后次的顺序"。"豪华落尽见真淳",像钱老这种先从学生感兴趣的点激活学生思维,然后步步诱导学生自求理解、自致其知,实现自我发展的自然朴实的语文课,应该成为我们语文常态课研究的主方向。

毋庸置疑,钱梦龙老师是语文教学的一座高峰,他许多的课例已成经典,这些经典课例,有些甚至比我们许多语文教师的年龄还大,但读来仍

如醍醐灌顶，令人豁然开朗。已是耄耋之年的钱老，仍然孜孜以求、兀兀穷年，情系语文课堂，着实令人钦佩！吴春来老师自撰联道："自有语文方有味，若无读书即无根。"愿语文同道静心读书，潜心育人，共赏语文教学的碧草如茵，繁花似锦。

在学中实现"语文的核心价值"

——观郑桂华执教《说"木叶"》

周启群

课堂节录

节录一

师：你读《说"木叶"》遇到了哪些困难？

生：这个"木叶"到底应该作何种深层次的解释？

生：这篇文章的中心到底讲什么？有一些不太明白。

师：我们能不能把"中心"这个词调整一下，也就是《说"木叶"》的作者最想表达的是什么？

生：观点。

师：这两个词有什么差别？

生：中心可能是指一篇文章的主要内容，而观点则指作者表达内心的一些想法或者建议。

师：建议，这个词很好。

生：文章中有许多诗句，对于整篇文章来说较难理解。

师：好，第四个问题。

生：古代的"木叶"和现在的"木叶"到底有什么不同？是因为现代对"木叶"的理解和印象不够深了，古代用"木叶"，现在多用"树叶"了吗？

师：其实你提到了两个问题。一是"木叶"在古今有什么变化；二是顺着这个思路，提"木叶"和"树叶"有什么不同。这篇文章还提到了哪

些相近的意象？（书：木叶—树叶）

生："落叶""落木"。

师：如果我们要写成一组一组的词的话，应该把"落叶"写左边还是"落木"写左边？

生："落叶"写在左边。

师：为什么？

生：因为我觉得"无边落木萧萧下"的"落木"是"木叶"的升华，是一种进步。

节录二

师：讨论第四个问题的同学最多，那我们先从这个问题开始吧。

生："落叶"和"木叶"有包含关系，即"木叶"中有"落叶"的意思。像前面说的，"落木"是后来的发展，"落木"比"落叶"少了叶的绵密，更空阔，至于"树叶"，比较茂密，给人的感觉与"木叶"体现出的秋天的飘零之感是不同的。

师：讲出了关键的一点，绵密，茂盛。还有其他发现吗？

生：我们组讨论了第三个问题，觉得文中的诗句有这些作用：首先是做引子，引出要讨论的"木叶"这一话题；其次是用来例证从古到今很多人都在用"木叶"这个词；再次是比较富有文化内涵。

师：逻辑性多强啊！请问刚刚那位同学提出这一问题时，他觉得阅读中的困难是什么？你的回应能解决他的问题吗？

生：对于刚才同学提出的问题，可能是因为我们积累不够，所以对诗意的理解不够透彻。

师：按照你的说法，我们要课后积累，这很重要。好，请坐。大家来看第一段，第一段有几句？

生：四句。

师：讲了什么？作者的观点是什么？

生：第一段提出了"木叶"这个形象。

师：明确一点，观点是什么？

生："木叶"这个形象影响了历代诗人。

师：你从哪句话看出这层意思的？

生：自从屈原吟唱出这动人的诗句，它的鲜明的形象，影响了此后历代的诗人们，许多为人传诵的诗篇正是从这里得到了启发。

师：简练一点说，"木叶"这个形象在屈原后代的诗人中起到了什么作用？

生：启发。

师：还是夸大了一点，再明确一些，可用什么词？

生：木叶突出地成为诗人们笔下钟爱的形象。

师：哪个词特别能鲜明地表达出来？

生：钟爱。

师：观点很鲜明。同学们，这就回应了第四组问题的第一点，本文标题为"说'木叶'"，为什么把"木叶"作为一个核心和关键？"木叶"太被诗人们钟爱了！我们读第一段，这里的诗句我们没有去查阅，但作者要表达的核心观点我们是不是清楚了？

生：这里的诗句我想应该不是很重要，对于后面的内容起到了引出的作用。观点后面有说，不需要去细读。

师：有时候这种例子的句子，我们直接跳过去，把握作者的观点就行了。如果你对这些诗句很感兴趣，可以课外去查阅，去拓展，去积累，那当然更棒。回到前面提的问题，我们的女生已经贡献了一点，从绵密到空阔的形态上区分了"木叶""树叶""落叶"，还有第二个角度、第三个角度吗？

生："木叶"给人带来颜色上的枯寂之感，而"树叶"则象征着一种绿色的生机，所以我觉得"木叶"和"树叶"两者间缺少了给人感官上的联想义。

师：哪个词特别好？联想！你刚刚讲到颜色，讲到它带给我们感官上的联想，抓住了文中的关键。除了这一点外，还有没有第三个角度？

生："木叶"带给人秋天树叶的残破之感，而"树叶"始终给人的感觉是没有"木叶"般干燥，就不能如"木叶"般引起人内心悲秋的情结。

师：从感官的角度提取一个观点。颜色，是视觉，那么干燥，是什么角度呢？

生：触觉。

节录三

师：林庚先生说诗歌的语言带给人什么？哪位同学能从这一点去解决第一、第二个难题？

生："木叶"的含义在于情感的抒发，因为"一切景语皆情语"。古人之所以写诗是为了抒发自己心中复杂、难以表达的感情。比如"落叶"和"木叶"，"木叶"就说到感情很复杂，而"落叶"蕴含的感情就没那么深厚。

师：你是从复杂和深厚来讲的，非常好。作者用这些诗句抒发自己的情感，而我们读这些诗文，从"木叶""落叶"的意象中读出了什么？

生："木"不但让我们容易想起树干，而且会想到"木"所暗示的颜色，着重说了意象的暗示性，也相当于联想。

师：非常好！

可是，阅读这篇文章后，同学们真的相信林庚先生讲的"落叶"就没有好诗，"树叶"就没有好诗，或者几乎没有好诗，你们对林庚先生的说法打心底里信服吗？杜甫的《春望》，"国破山河在，城春草木深"，这里有没有"木"呢？"木"就比"树"疏朗、单纯吗？"城春草木深"是什么意思？

生：包含了一种对国家的情感。

师：在"木"的地方是什么样的一种状态？

生：因为前一句诗"国破"，后面应该是较为残败的景象。

师：我有点不能接受。"城春草木深"是衰败，那这里的"木"是凋零的意思吗？

生：是说那个时候草木非常繁盛，用草木的繁盛来反衬当时人的活动。

师：理解了吗？同学们，这首诗好不好？（PPT展示"落叶满空山，何处寻行迹"）

生：好。

师：那这个呢，"沉舟侧畔千帆过，病树前头万木春"。有"树""落叶"的诗就不好吗？"树"和"木"真的有这么大区别吗？"树"就很绵密，"木"就很空阔吗？（PPT展示"树""木"也可以一样好的诗句作例子："树木丛生，百草丰茂"；继续出示"木"也可以很繁茂的诗句。）林庚先生说有"树叶"是不好的诗句，不全是这样吧？在诗句里"树叶"出现得很少，真是这样吗？（PPT展示关于这几个概念出现的次数统计）这都是有出处的，是人家做的统计。这下怎么办呢？刚刚学了那么多诗歌的暗示性，"木叶"那么好，有疏朗的气息。难道林庚先生说错了？

观课悟道

语文名师郑桂华执教的《说"木叶"》一课，关注学生的学习困难，以学生提出的问题为纲，能由学生说出来的，教师尽量不说，让对话承担起多种功能，着力提升学生的语言感受力和表达力，处处闪耀着智慧的光芒。

一、关注学情，建立任务群

郑老师认为："教师与学生，两者之间哪个更占主导？教师应该倾听学生的发言，首先尊重学生。教学过程是基于'学'的逻辑，而不是'教'的逻辑。"执教《说"木叶"》一课，郑老师就是这样做的。她没有把自己的问题直接抛出来，而是关注学情，由学生提出学习课文时遇到的困难，并对问题进行整理，建立任务群，以此作为课堂的主体。节录一中，郑老师将学生提出的困难整理为四个问题，问题一："这个'木叶'到底应该作何种深层次的解释？"问题二："这篇文章的中心到底讲什么？"问题三："文章中有许多诗句，对于整篇文章来说较难理解。"问题四："古代的'木叶'和现在的'木叶'到底有什么不同？是因为现代对'木叶'的理解和印象不够深了，古代用'木叶'，现在多用'树叶'了吗？"并与学生商量，先从第三、第四组选取问题展开，然后选取第一、第二组问题中的某一个解决。这样，任务群建立起来了，学生思考和讨论的方向也就明确了。

二、着眼言语，辨析中训练

什么是独特的语文核心价值？郑桂华认为，从课堂教学的角度来看，提高语文学习效率的基本途径，应该将语文学习文本——课文所隐含的核心价值凸显出来，重点训练学生的语言感受力和表达力。郑老师执教《说"木叶"》一课，抓住"木叶"这个点，从词语含义、诗句意境的辨析来训练学生的语言感受力和表达力。节录二中，郑老师引导学生提炼第一段的观点，学生联系语境辨析词语含义，通过从"影响"到"启发"再到"钟爱"的词语辨析过程，逐渐找到了准确呈现作者观点的词语"钟爱"，从而回答了第四个问题的第一点；此外，郑老师着眼言语，引导学生辨析"树叶""落叶""木叶""落木"四个词语的表现力，学生从形态、颜色、干燥三个角度理解了"落木"的表达效果。节录三中，郑老师为了让学生体会"在'木'的地方是什么样的一种状态"，引导学生结合《春望》中的诗句"国破山河在，城春草木深"进行辨析，最终学生体会了"'木'在《春望》一诗中不是凋零的意思"而是"用草木的繁盛来反衬当时人的活动"。在反复而有序的辨析中，学生的语言感受力和表达力便得到了有效的训练。

三、旁征博引，延伸中思辨

《说"木叶"》是一篇文艺随笔，有相当一部分是理论论述，引用的诗句多，读来会觉得枯燥，理解起来也有难度。郑老师在准确定位文体的基础上，旁征博引，拓展延伸，从语感到语理，提升学生的语言能力。郑老师引导学生解决第一个问题，即"这个'木叶'到底应该作何种深层次的解释？"男女同学的回答角度不同：男同学从诗人选择意象抒发情感，即写作者的这个角度；女同学从语言的暗示性去读诗，读出它的意境，读出它的情感。这两个角度都借助于作者的观点进行分析，郑老师都给予了肯定。一般的老师做到这一步就停止了，但郑老师没有，她继续抛出这样的问题："阅读这篇文章后，同学们真的相信林庚先生讲的'落叶'就没有好诗，'树叶'就没有好诗，或者几乎没有好诗，你们对林庚先生的说法打心底里信服吗？"接着以杜甫《春望》的"木"是否就比"树"疏朗、单纯来引发学生的思考，等问题解决后，又展示"落叶满空山，何处寻行迹""沉舟侧畔千帆过，病树前头万木春""树木丛生，百草丰茂"等诗句进行延伸，并展示"落叶""树叶"等几个概念出现的次数统计，又抛出问题："难道林庚先生说错了？"从而引导学生继续思考并尝试利用资料解决问题。这样的有效延伸，不仅提升了学生的语言感受力和表达力，而且启发学生做学问应有质疑精神和实证精神。

咬定三"文"不放松，追求课堂之"精致"

——观尤立增执教《拿来主义》

伍丽琼

节录一

师：从文体来说，社会评论属于议论文的范畴。从提出论点的方式上划分，可分为哪两类？

生：立论与驳论。

师：先看文章题目，什么是拿来主义？

生：对外来文化和传统文化应持的正确态度。

师：那鲁迅先生是怎样提出他的这一正确主张的？

生：首先提出"闭关主义"，实质是一种保守封闭。

生：又提出了"送去主义"，即把自己的东西送出去，其实质是媚外求荣。

师：两者之间是什么关系？

生：前因后果的关系。因为实行"闭关主义"，整个国家积贫积弱，必然要依附他人，所以才有了"送去主义"。

生："送来主义"的实质就是经济、政治、文化、军事上的侵略。

师："送去主义"和"送来主义"的表现和结果如何呢？

生："送去主义"的表现主要在第一、二自然段，其结果是：政治上无主权，经济上资源缺乏，文化上缺失。

生："送来主义"的表现是外国"抛给"我们东西，结果与上一位同学所说相同。

师：鲁迅先生清醒地论述了这两者的表现、实质及其危害，那正确的做法又是什么呢？

生：（异口同声）拿来主义！

师：是的，作者从第八自然段开始论述拿来主义。前面为"破"，后面为"立"，"先破后立"。请大家轻声读第八自然段，思考作者是怎么阐释"拿来主义"的内涵的。

（生读）

师：谁来回答？

生：作者用比喻的手法阐释"拿来主义"的内涵。

生：用比喻修辞批判对待文化的三种错误态度。

节录二

师：文章的基本结构已经厘清，下面我们共同提出并解决预习时遇到的难题。

生：文中提到"抛来"和"抛给"，有什么区别？

师：（板书"抛来""抛给"）"抛来"一词，"说得冠冕些就等于送来"，是不是"抛来"就是"送来"？（板书）大家回顾文章结构，第一部分为"破"："送去主义""送来主义"。"送去主义"的实质是媚外，投降，是卖国求荣。那么，"送来主义"的实质是什么呢？

生：（齐答）侵略。

师：对，是侵略。大家看第六段提到"送来"，实质是什么？是经济上的帮助，文化上的支持，还是军事上的协助共赢？不是！实质是什么？侵略！所以说这种"抛给"是一种带有恶意的输入，实质是欧美国家对当时中国经济、军事上的侵略。

生：既然"抛给"的本质是侵略，那么"抛来"呢？

师：这个问题很有价值。哪位同学来回答？

生：可以理解成自己用不了的送给别人，这是一种中性的没有恶意的东西。

师：现在西方国家把它们的文化产品送给我们，我们该如何看待？

生：我觉得不能理解成"抛来"的，它是"抛给"的，涉及文化侵略的问题。

生：我不同意！现在是全球化时代，各国之间交流日益密切，正常的文化交流怎么能算是"送来"的东西呢？

生：《拯救大兵瑞恩》等美国大片，不光好看，也体现了顽强的精神、意志，这是人类共同的品质。

生："好看"能作为评价的唯一标准吗？当你看美国大片看得太多的时候，会受到他们国家意志的影响。我们青年人应该领悟，当你沉浸在日本的漫画、动画片当中，沉浸在美国的大片当中，你就可能会放弃我们民族传承了几千年的文化传统！

（生长时间鼓掌）

师：其实，面对这样的问题应该怎么办，鲁迅先生早已作出了回答，是什么？

生：（齐声）运用脑髓，放出眼光，自己来拿！

师：可见，鲁迅先生的伟大之处在于思想的前瞻性。

节录三

师：七、八两段运用了多处比喻：大宅子当中有鱼翅、鸦片、烟枪烟灯，姨太太。

生：大宅子指什么？大宅子里的这些东西又分别指什么？

师：这篇文章，鲁迅先生谈到了拿来主义，从本质上是对待文化遗产的态度。文化遗产包括两个层面，外来的和传统的，这篇文章针对的是外来文化还是传统文化？

生：（齐答）外来文化。

师：要界定这个大宅子的含义，准确说来就是外来文化，细看第二部分，稍作拓宽，拿来主义适不适用于传统文化？

生：适用。

师：既然适用，大宅子如果作为喻体，它的本体就是文化遗产。对待文化遗产到底该怎么办？第八段中他批判了三种错误态度，第一种是孱头（板书），什么叫孱头啊？

生：懦弱的人。

师：这些懦弱的人对文化遗产持怎样的态度？

生：反对这个宅子的旧主人，怕把他的东西污染了，徘徊不敢走进门。

师：那他对文化遗产采取什么态度？

生：拒绝借鉴，拒绝接受。

师：鲁迅先生批判的第一类人就是在文化上的逃避主义者（板书）。再看下面这两类人：昏蛋，废物（板书），对待文化遗产分别是什么态度呢？

（学生讨论）

生："昏蛋"是勃然大怒，放一把火烧光，算是保存自己的清白。盲目排斥，不去辨别，更不去借鉴，所以他们对文化遗产采取的是一种虚无主义的态度。（师板书）

生：第三种人"原是羡慕这宅子的旧主人的，而这回接受一切，欣欣然的蹩进卧室，大吸剩下的鸦片"，这类人崇洋媚外，对待文化遗产采取全面投降的做法。（师板书）

师：我们找到这三个喻体的本体，就更能了解这篇杂文的针对性。联系背景，当时在文化界，包括在革命阵营内部，对待文化遗产问题上出现了各种错误倾向，鲁迅先生批判的就是其中的三种错误态度。

师：第八段批判错误的倾向，那一定有第四种人具有正确的态度，正确的态度是什么？

生：拿来主义。

师：在哪个自然段中说的？

生：第九自然段。

师：该段正确的态度是什么？

生：先"占有"，后"挑选"。

师：所谓的"占有"就是"首先是不管三七二十一，拿来"，在此基础上挑选，怎样挑选呢？

生：运用脑髓，放出眼光，自己来拿。

师：在"占有"了之后，去粗取精，去芜存菁，为我所用，这样才能建设出更加健康的新文化。

生：文中的"鱼翅"指什么？

师："鱼翅"属于文化遗产中的哪一部分？

生：精华部分。

师：说得很对。"看见鸦片，也不当众摔在茅厕里"，这里的"鸦片"指的是什么呢？

生：糟粕。

师：说一下，鸦片有什么特点？

生：既有毒又有药用价值。

师：属于文化遗产中的哪一类？

生：是那种既有益又有害的东西。

师：也就是精华和糟粕并存的那部分。鸦片的益处是什么？

生：治病。

师：鸦片具有极强的镇静作用，包括现在的止痛镇静药都含有鸦片的成分，但也有害处。那对此正确的态度是什么？

生：只送到药房里去，以供治病之用。

师：也就是存放，利用其对人有益的部分。那么"烟枪烟灯"指文化遗产中的哪部分？

生：糟粕。

师："烟灯、烟枪"跟"姨太太"又有什么区别？看作者对它的态度，"但我想，除了送一点进博物馆之外，其余的是大可以毁掉的了"。送博物馆干什么呢？展示我们民族灿烂的文化吗？

生：警示后人。

师：它是文化遗产中糟粕的部分，但是可以作为反面教材警戒后人。"姨太太"代表什么？

生：纯糟粕的东西。

师：是指供剥削阶级使用的腐朽没落的东西。

观课悟道

特级教师尤立增执教的《拿来主义》，课堂结构清晰，教学内容饱满，逻辑思维严谨。整堂课以学生质疑问难为主体，以老师答疑解难来画龙点睛，层层推进，水到渠成，体现了尤老师追求课堂"精致"的教学理念。

一、深入文本，形成独特解读

尤老师执教《拿来主义》一课，以学生质疑问难为主线，以教师答疑、引导为辅助。统观整节课，学生一共提出了16个问题：词语语义辨析，句子感情色彩辨析，文章内容的理解，论证方法与作用的辨析，鲁迅杂文语言犀利的特点与韩寒语言风格的比较分析，鲁迅"顺手一击"的写法是否会引偏思路，是否对鲁迅先生存在"误读"，等等。尤老师面对学生预习时产生的疑问，从容自若，时而正面引导，表明看法，理据充分；时而引而不发，回问学生，激活思维，课堂灵动而有条不紊，处处充满智慧碰撞的火花。尤老师之所以能在课堂上应对自如，是因为他深入文本，形成独特解读，无论学生提出怎样的问题，都能做到成竹在胸。例如节录二，当尤老师引导学生理解了"'抛给'是一种带有恶意的输入，实质是欧美国家对当时中国经济、军事上的侵略"后，学生提问："既然'抛给'的本质是侵略，那么'抛来'呢？"尤老师在肯定学生的问题有价值后追问："现在西方国家把它们的文化产品送给我们，我们该如何看待？"由此可见，深入挖掘文本内涵，形成独特解读，是把课上得"精致"的基础。

二、立足文体，培养辩证思维

正如下厨做菜一样，不同的材质，有不同的处理方法，因而，要追求课堂的"精致"，就应立足文体，根据文体的不同要求，体现"精致"的内涵。尤老师执教《拿来主义》一课，整节课都立足议论文（本文是驳论文）这一文体特征，立足于"鲁迅先生是怎样提出他的这一正确主张（拿来主义）"这一问题展开，引导学生理解"送去主义""送来主义""拿来主义"

的内涵，把握了文章的结构特点和划分层次的依据。此外，尤老师在为学生答疑解难时充分立足文体特征，引导学生思考、辨析，重在培养学生的辩证思维。节录二中尤老师提出了这样的问题："现在西方国家把它们的文化产品送给我们，我们该如何看待？"学生展开了激烈的讨论，当学生争论不休时，尤老师适时插入："其实，面对这样的问题应该怎么办，鲁迅先生早已作出了回答，是什么？"学生齐声回答："运用脑髓，放出眼光，自己来拿！"尤老师的一放一收，正是培养了学生的辩证思维。

三、放眼文化，提升思想格局

突破原有教学模式的桎梏，追求课堂的"精致"，关键是增多课堂亮点。尤老师执教《拿来主义》一课，可谓亮点纷呈：既有"先学后教，以学定教"的教学理念，又充分体现了"学生为主体、教师为主导"的课堂理念，尤其是在文化理解与传承的认识上，更是亮点中最闪亮之所在。面对外来文化，如何正确对待？尤老师没有生搬硬套地告诉学生，而是在授课时从文本出发，紧扣"文化"，放眼文化，引导学生"运用脑髓，放出眼光，自己来拿"，在"占有"的基础上进行"挑选"，"或使用，或存放，或毁灭"，让学生知其然，也知其所以然，从而提升了学生的思想格局。这一亮点的凸显，既与尤老师对文本内涵深入挖掘，形成独特解读，充分做好教学预设息息相关，也与尤老师注意保护学生的智慧火花，并机智地将问题抛回给学生，以激活学生思维，让课堂灵动有活力紧密相连。节录三中尤老师引导学生理解"烟灯、烟枪"跟"姨太太"三者的区别就是一个很好的例子，"烟灯、烟枪"是文化遗产中的糟粕，送一点进博物馆的目的是作为反面教材警戒后人，其余大可毁掉，而"姨太太"是文化遗产中纯糟粕的部分，"请他们各自走散为是"。

第四辑　诗歌类

且吟且诵品诗韵

——观戴建荣执教《送元二使安西》

廖亚男

课堂节录

节录一

师：今天，我们来学习一首诗。先请大家看我写题目，一边看，一边思考：我为什么要这样写？先写一个字（送），接下来写两个字（元二），然后写一个字（使），最后写两个字（安西）。这首诗的作者是——

……

师：元二是一个人的名字吗？什么叫排行第二？

……

师：古人重男轻女，女孩子轮不到排辈分，只有男孩之间才可以，说明在元二的上面还有一个元大，有个哥哥，而元二恰恰是个男孩，所以就叫元二了。明白了吗？

节录二

师："使"是什么意思？奉了谁的命令出使？能不能不去？

师：安西，是一个什么样的地方？咱们一起来看。（出示地图）长安，当时唐朝的首都，王维和他的好朋友元二都居住于此。有一天，元二奉旨出使今新疆库车附近，古时称为（安西）。作为好朋友的王维就从长安开始一路西送。走到现在渭河以北，有一座城叫（渭城），所以这首诗也叫《渭城曲》。同学们，唐人相送，送到渭城就不能再往西送了，因为渭城以西的路太难走了。于是，在这样一个晚上，这两个人在附近的小旅馆住下，通宵达旦地喝酒聊天。

送到这里，元二孤身上路，往西走啊走，走到现在敦煌的西南，古时候这里有一道关，叫（阳关），这首诗中因为出现了"阳关"这个地名，所以又叫《阳关曲》。出了阳关，就离开了自己的故乡。元二继续往西走啊走，走到了安西。这里，大风一起，飞沙走石。这首送别的诗该怎样读呢？

（生读）

师：唐朝的诗人，写诗习惯遵循一种规律，叫——平仄（板书：平仄）一起读。

平是一种声调，叫平声，仄也是一种声调，叫仄声。咱们中华文化，几千年一脉传承。现在的一、二声就相当于古时候的平声，现在的三、四声就相当于古时候的仄声。

为了好记一点，平声用一条横线表示，仄声用一条竖线表示。遇到平声字，咱们要把字读得长一点，遇到仄声字呢？对，要读短一点。这个规律又叫作平长仄短。一起说。

在读的时候，一般都是两个字两个字地读，平长仄短的规律体现在每两个字中的第二个字上。先看第一个音节，渭城，看哪个字？"城"字现在是第几声？相当于古时候的——平声，也就是要把这个字读得长一点。

（指名读）

师：读到这个"城"字，你想到（长城），长城那么绵延起伏，能读出来吗？

（生读）

师：了不起啊！长度你都读出来了。长城也好，城墙也好，都是（连绵起伏的），能读出来吗？渭城——（声音有起伏）

（生读）

师：平声会读了，仄声呢？朝雨，看哪个字？雨，现在第几声？相当于古时候的——仄声，仄声要读得短一些。

（指名读）

师：这里有一个特殊的字（指"出"），这个字在古时候被称作"入声"，"出入"的"入"，要比仄声读得更短一些，跟我读：西出（停顿特别短）阳关——

（生按平长仄短的规律试读全诗）

师：苏轼称王维的诗是诗中有画，画中有诗，让我们闭上眼睛，感受王维诗的特点。

（配上《阳关三叠》古筝曲范读后，师生合作读前两句。）

师：看到渭城的柳色了吗？谁来说一说。

（生发言）

师：《诗经》里面有这样一句话："杨柳依依。"读到"依依"两个字，就想起——依依——不舍。咱们古人每逢写"柳"的时候，就要表达心中那份依依不舍的情感。所以以后读到这个"柳"字，你就要明白，此刻诗人要表达的是什么。再用心去看看，有没有看到渭城的客舍啊？

生：我看到上面有小房子，而且还有一些台阶。

生：我看到客舍上面冒着烟，可能是主人在做饭，可能是诗人正在送别他的朋友。

师：闻闻，闻到饭香了吗？

生：闻到了，米饭的香。

师：所以，这样一首送别的诗，咱们该怎么读？（配乐笛子曲，师生齐读。）

师：这阳关的路，是一条怎样的路啊？有位诗人曾经这样描述这条路。

（出示《初过陇山途中，呈宇文判官》，师范读后师生齐读、生齐读。）

师：这是一条怎样的路？

生：这是一条艰难的路。

生：坎坷的路。

师：正是这条崎岖的、布满沙石的、难走的路，元二从渭城到安西整整要走三千多公里！如果用当时最快的交通工具——骑着马去的话，也要走半年多的时间，才能到达目的地。元二就要踏上这样一条艰难的路了，作为好朋友的你，有没有什么想要对他说的？

生：元二，你一定要安全地回来啊！我等着你。

师：走一遭就要半年多，回来又要半年多，更何况奉皇帝的命令去出使，能这么快回来吗？

生：元二，这是一条崎岖、充满沙石的路，你一定要保重啊！

师：五年以后，王维就去世了。他再也没有等到元二回来的那一天，再也没有机会和元二一起聊天、喝酒了。所以，这样一首分别诗，咱们该怎么读呢？

（《阳关三叠》响起，师生深情地朗读。）

师：为何在这分别之际，王维还不断地劝元二再喝一杯，而元二总是把酒喝完呢？

生：这杯酒印证了元二和王维的友情。

生：喝了这杯酒，元二可能永远都见不到王维了。

师：咱们再读这句诗的时候，一定要把这"一杯"的"杯"字延长。

师：劝君——

师生：更尽一杯——酒，西出阳关无故人。

师：出了阳关，就再也没有这有情有义的故人了。那还会有这温馨如家的客舍吗？

生：不会。

师：还会有这代表依依不舍之情的杨柳吗？

生：不会。

师：还会不会喝到这满是深情厚谊的酒啊？

生：不会。

师：那么，这一路上陪伴元二的真的什么都没有了吗？

生：还有王维对元二的关心。

生：王维和元二间珍贵的友谊。

师：那就是一个字，什么字？

生：情。

节录三

师：元二走了，王维在当地读啊读，当读不足以表达自己内心情感的时候，他就轻轻地唱起来。（板书：唱）这首诗的唱曲非常有名，叫《阳关三叠》。

（师和着音乐深情地唱）

师：第二遍，如果你已经能唱，就和我一起唱。如果还不行，就边听边学，千万别着急。

师：第三遍，咱们不用音乐。看着我的手势，试一试。

（师边做手势边唱，学生小声跟着唱。）

节录四

师：同学们，咱们按照平长仄短的规律来读。

（生读）

师：咱们按照《阳关三叠》的曲调来唱。

（生唱）

师：咱们接下来按照平长仄短的规律来唱这首诗，这叫——吟（板书：吟）。古人善于吟诗，喜欢吟诗，所以留下了四个字，叫"吟诗作画"。会吟诗的人才是中国有文化的人。咱们来试试看。

（师吟诗，学生跟吟。）

师：同学们，这就是文字，因为饱含了深情，所以咱们把它称作诗。这诗因为浸润着这样一份情感，所以千百年来，咱们中华民族才会代代地——

生：读啊读，唱啊唱，吟啊吟。

师：它们才能传承到现在。咱们今天能够在这节课上这样学习，也是因为有了这一份情，所以才会在这里——

生：读啊读，唱啊唱，吟啊吟。

师：老师知道，离开了这课堂，以后咱们遇到唐诗也好，其他诗也罢，也一定会对着这些诗——

生：读啊读，唱啊唱，吟啊吟。

师：下课。

观课悟道

在《送元二使安西》一课的教学中，戴建荣老师引着孩子们读，用古诗平仄音调的规律读诗；唱，和着古曲《阳关三叠》的旋律唱诗；吟，半读半唱，读唱结合，抒发感情。整堂课一咏三叹，且吟且诵，且歌且舞，诗意盎然。师生间情意融融，共同陶醉在"渭城朝雨浥轻尘，客舍青青柳色新"那样一种清新空灵的意境中，沉浸在"劝君更尽一杯酒，西出阳关无故人"那样一种至亲至敬的友情中。

一、且吟且诵，知识渗透

我们常态的古诗教学，老师或机械教知识，或不教知识。戴老师此课，至少在三个层面上进行了知识渗透和实践：第一个层面是文字层面，第二个层面是文学层面，第三个层面是文化层面。很多老师在教古诗时，可能更多地关注的是文字层面的教学，比如说做到字字落实，把整首诗翻译成白话文。的确，字字落实对小学生理解古诗、阐释古诗有一定的帮助，但从某种意义上来说，古诗是不能这样去解的，因为语言变了，诗境就没有了，诗的节奏和神韵也没有了。戴老师讲解《送元二使安西》这首诗，在文字层面上只抓了"使"和"安西""阳关"两个地名。"'使'是什么意思？奉了谁的命令出使？能不能不去？"让学生理解了"出使"的神圣和不可逆。对"安西""阳关"的介绍则让学生很快就把握住了这首送别诗的朗读基调。在文学层面，戴老师不留痕迹地抓住"柳"这一意象，告诉学生"咱们古人每逢写'柳'的时候，就要表达心中那份依依不舍的情感……"在文化层面，戴老师教平仄的知识、教孩子们用"平长仄短"的方法吟诗。在动情地范读中、在反复地实践中，学生对吟诵由"知之"到"好之"再到"乐之"，在吟诵中悟情，在吟诵中赏文。虽然戴老师没有讲文化的概念、文化的定义，但孩子们对文化的感受、对经典的感受已然在具体的文本、具体的课堂中得到了具体的实现。在吟诵中渗透知识、传承文化乃古诗教学之魂。

二、且吟且诵，想象培养

诗重感情，诗重想象。古诗教学要让学生在读中想象画面，在读中领悟意境。在《送元二使安西》一课中，戴老师先后安排了三次不同类型的想象。听配乐范读想象柳色、客舍是一种表现想象，读《初过陇山途中，呈宇文判官》后谈感受是一种再造想象，"作为好朋友的你，有没有什么想要对他（元二）说的"是一种角色想象。这里的种种想象，既是对古诗留白的主动回应，又是对古诗情感的有力注解。孩子们通过展开想象，把看到的画面、感受到的情境，用自己的诵读传达出来，从而化语言文字为鲜活的画面、鲜活的意境、鲜活的吟诵。在吟诵中培养想象、落实语用乃古诗教学之根。

三、且吟且诵，审美熏陶

中国是诗歌的国度，抑扬顿挫的音调、错落有致的停顿和押韵赋予了古诗独特的节奏感与音韵美。古人在读诗时不仅"高声朗诵，以昌其气"，还讲究"密咏恬吟，以玩其味"。在高声朗读之后，古人又通过吟唱的方法，进一步入诗境、悟诗心、品诗味。虽然传统吟唱对今天的孩子来说十分生疏，在理解和接受上有难度，但戴老师通过先读、再唱，为"吟"打好基础；再通过自己的示范让学生们从模仿开始，逐渐懂得吟诗的方式，从而感受到古诗的音韵之美。学生们疾徐有序、抑扬顿挫、声调优美、娓娓动听的吟诵配上绵延悠长的《阳关三叠》古琴曲，妙不可言。戴老师此课，且吟且诵得音韵之美，启发想象见画面之美，品析词句领意境之美，探求意蕴悟情感之美，美不胜收。

小学古诗教学不妨少一点剖析明理，多一点且吟且诵，且品且悟，真正让学生领悟传统文化的魅力和经典的芳华。

品诗歌"三味"，教语文"真味"

——观王旭明执教《乡愁》

王争艳

课堂节录

节录一

师：大家从小学到中学，关于诗，现代诗、古代诗学得特别多。学了七年诗，我问问大家，关于诗的体裁，你知道哪些知识？首先，要想写诗，就得——

生：押韵。

师：你们真聪明，一下就说到了押韵。还有呢？

生：格式。

师：什么格式？

生：五言、七言，要分行。

师：对。除此之外，关于诗还有好多知识。咱们先说押韵。什么是韵？大家看教材，有没有关于韵的知识？

生：有。

师：大家先默读一下，了解教材上这部分小知识里讲的韵是什么意思。

（生默读）

师：下面你们听老师读一遍这首诗，一边听，一边想，这首诗给你们带来什么感觉，那个韵是什么。（范读）

师：好，我们再集体朗读一遍。刚才大家从教材上了解了韵的知识，现在读的时候要把那个韵脚读清、读圆。我来看看大家是不是找准了这首诗的韵。"小时候"，预备起。

（生齐读）

师：什么叫韵，就是末尾的那个字，每一行末尾的那个字，用上什么？

生：相同的韵母。

师：相同或者是相近的韵母。那我们来看这首诗，第一节有几句？

生：四句。

师：哪一个韵母是相同或相近的呢？或者说哪一个是押的韵呢？"小时候"，后面，"我在这头，母亲在那——"

生：头。

师：什么韵？

生：ou。

师：对了，都是ou的韵，所以我们在读"我在这头，母亲在那头"时，"头"字要读得非常清楚。下面我请全班朗读最好的同学来读一下。是谁？请举手，没人举手的话，你们就给我推荐，谁朗读课文最好？

生：高文杰（音）。

师：过来，到这儿来。你被全班推举为朗读最好的同学，面向大家。我们再找一位同学，谁不喜欢朗读，很少在全班同学面前朗读？（学生喊另一同学的名字）来，请你上台来，站在我这里。我们今天请这两位同学分别给大家朗读……

节录二

师：现在我们再来看这首诗。这样一首小诗，我们知道了它的体裁，也知道了它的基本知识，我们还要知道什么呢？要了解这首诗的结构。同学们，我们今后学习每一篇课文，不管是诗、散文，还是别的什么体裁，都要了解它的结构。什么叫结构？有多少句子，有多少段落，有多少层次，这就叫结构。好像一幢楼有三层，那它的结构就是三层；有五层，那它的结构就是五层。这都叫结构，明白吗？下面我们来看这首小诗，它是由几节组成的呢？

生：四节。

师：四节。我告诉大家，这首诗的结构特别不一样。它可以分成两个部分，两个线索。第一个线索，我们从时间上来看，这四小节诗是一种什么关系？"小时候"，然后呢？

生：长大后，后来，现在。

师：一步一步，从小时候到现在，这是什么关系？

生：时间关系。

师：我告诉大家，按照时间去写一节一节的诗，写一段一段的话，我们称之为顺接的关系。先写五岁怎么样，再写八岁，再写十二岁，然后写现在上初中，这叫什么关系？

生：顺接。

师：对，这是一种写法，注意以后我们写文章可以按照顺接的方法去写。我们再看，这首诗除了时间线索之外，还有一个很特殊的地方，大家注意到了没有？

生：空间。

师：什么叫空间呢？上下、左右、前后，这就叫空间，时间就是沿着一条河往前走，或者往后退，是直线的；空间则是上下，左右，前后，是立体的。我们看第一节。"小时候，乡愁是一枚小小的邮票。"乡愁，谁也说不清楚是什么，说不出来的一种感觉，那就找一个形象具体的事物来代替。作者找了哪种事物呢？找了邮票，小时候的乡愁是邮票。"我在这头，母亲在那头"，这就是空间位置了。我们再看第二节，长大后，乡愁又变成什么了？

生：船票。

师："我"在船的这头，新娘在那头。长大后结婚了，他和自己的新娘经常见不到面，一张船票连接着他们的思念。这个空间也是在这头，在那头。大家看第三小节是什么？后来，也许30岁，也许40岁，也许50岁，这个乡愁又变成什么了？

生：坟墓。

师：这太惨了，谁在里头？

生：母亲。

师：谁在外头？

生："我"。

师：这又是空间，这个空间变成了一个坟墓。由邮票到船票，再到坟墓，这是空间的变化。问题来了，刚才我们说时间的变化是顺接，现在我们看空间的变化，由小小的邮票到船票，再到坟墓，你们看这个愁，越来越什么？（指一生）我看你特别不爱说话，你来说说，你感受到了什么？

生：浓和大。

师：不能光说浓、大，完整地回答我，"我感到了什么什么越浓，什么什么越大"。

生：我感到了作者对母亲的思念越来越浓。

师：仅仅是对母亲的思念吗？

生：不是。

师：不是的话，要用什么词？母亲已经去世了，寄托什么？要记住这个词——寄托哀思。母亲在坟墓里头，"我"在坟墓外头，还有比这个更愁的愁吗？

生：有。

师：是什么？

生：思念祖国。

师：为什么？你怎么看出来的？

生：我在这头，大陆在那头。

师：对，你们说得真好，通过空间的位置变化，我们就看到了。同学们看黑板，四个小节从时间上来说是顺接的，从空间上来说是不断地越来越深。思念的情越来越深，最后深到了什么地方？祖国大陆，这个关系还是顺接的关系吗？

生：不是。

师：那是什么关系？

生：递进。

师：我们来看这首诗，从时间上分析，它是顺接的关系；从空间上分析，它是递进的关系。这样的一种横竖交叉交错的关系，使这首诗格外有分量。

节录三

师：同学们，我们知道了这首诗的体裁，知道了这首诗的结构，我们再了解一下这首诗，作者是怎么写的？我们刚才说了愁这种情感不好写出来。什么是愁？"我真愁，愁死了"，没意思，没学过语文的人才会这么说，没学过语文的人只能这么说。我们学过语文的人就不这么说了。你们看诗人，他也愁，他就不这么说。他找了四个具体的事物来写愁，哪四个具体的事物啊？

（生回答）

师：邮票、船票、坟墓、海峡。邮票是最小的，船票稍微大一点，坟墓就再大一点，海峡就更大了，由小到大，由浅到深，找了四个具体的事物来表达自己的愁。大家记住，凡是要表达一种感情，就要找具体的事物。将来大家到了高中，会知道这个具体的事物就叫意象。我们现在不管它，就知道它叫具体事物就好了，这是一个方法，找具体的事物来表达自己的情感。……

师：好，我们刚才说了，愁这种情感不好说，说不出来，那就找具体的事物。现在咱们马上要下课了，要分别了，我想问你们，你们喜欢王老师吗？

生：喜欢。

师：真的吗？

生：真的。

师：那不能光说喜欢，谁能找一个具体的事物说出来，描绘一下，用具体的事物表达一种情感。老师先给你们作一个示范。我也要跟你们分别了，我真的特别喜欢你们，虽然我接触你们不到一个小时，但我觉得你们的水平很高，素养很好，我真想天天和你们见面，所以我就写几句：

我们的分别就像秋天，

一片绿影都不留。

我们就这样在秋中分别，

还要等多久，等多久才能相聚？

等到下一个秋。

师：老师用这样一首小诗来表达对你们的思念。现在谁能用一句话、两句话，或者用一首诗来表达对我的思念，有没有？

生：马上要分别了，分别就像落叶一样。

师：就像落叶一样，好悲凉。想念王老师就像——

生：就像一片叶子从树上飘落。

师：接近一点，你觉得呢，像什么？

生：像一杯浓浓的美酒。

师：你喝过酒啊？行，大家记住，我们就照这个思路，以后你们要是思念谁、喜欢谁，就用诗的语言，找一个具体的事物描写出来，这就是用诗的语言来表达什么？

生：自己的情感。

师：下次如果老师再有机会来，一定听你们用具体的事物来表达一种情感，好不好？

观课悟道

王旭明老师倡导"真语文"，强调语文老师要有文体意识。他执教的《乡愁》，紧扣教材，抓住体裁特征，通过吟咏诗韵、探究结构、以物绘情等环节，品读诗歌的情韵，是一堂出色的诗歌教学示范课。

一、反复诵读，体会诗歌"韵"味

诵读教学是语文教学的优良传统，学习诗文尤其要重视诵读，反复诵读，方能体会到诗文的声韵之美。《乡愁》虽是用白话写的一首现代诗，却有着中国古典诗词的意境和韵味。所以，王老师抓住文本的特征，从诗歌体裁入手，通过不同形式的诵读，让学生体会《乡愁》的诗"韵"。首先，王老师让学生通过快读，了解诗歌体裁，默读教材小知识，了解诗歌知识；接着王老师深情地范读了一遍，让学生在老师的诵读中体会诗"韵"；然后让学生齐读，指导学生，韵脚一定要读清、读圆；在学生正确地找出诗"韵"、读出诗"韵"后，王老师让全班读得最好的学生和最不喜欢朗读的学生进行了对比朗读，激发了学生的朗读兴趣和信心。王老师就是通过学生快读、默读、齐读、对比读，以及自己范读等多种形式的诵读，让学生在反复吟咏中了解了诗歌的体裁特征，读出了诗歌的韵味。

二、追本溯源，挖掘诗歌"情"味

王老师第二个环节的设计回归到课文的结构和字词上，带着学生以本为本，贴着诗歌中的文字，探究诗歌结构，品读诗歌中的情感。王老师先是引导学生抓住"小时候""长大后""后来""现在"这些表示时间线索的词语，了解四节诗之间的顺接关系，再由"邮票"到"船票"到"坟墓"，再到"海峡"这些空间的变化，探究四节诗之间感情的递进关系。在王老师精辟点拨、恰到好处的指导下，学生们深深地体会到了诗歌中作者那因对母亲、对妻子、对祖国的思念而越来越浓、越来越深的"愁"情。王老师这个探究诗歌结构的设计，旨在培养学生养成学习每一篇课文，不管是诗、散文，还是别的什么体裁，都要了解它的结构的习惯。王老师这个设计，回归到语文教学的原点，追"本"溯源，通过文本结构和关键字句来解读诗歌的情感，挖掘出了诗歌的"情"味。

三、以物绘情，学用诗歌"言"味

叶圣陶先生说："语文教材无非是个例子，凭这个例子要使学生能够举一反三。"课堂第三个环节，王老师主要引导学生了解课文的写法并学以致用。他首先用"如何写愁情"这个问题引出了诗歌鉴赏的重点——诗歌的意象和手法。然后提问："他找了四个具体的事物来写愁，哪四个具体的事物啊？"让学生找到"邮票、船票、坟墓、海峡"这四个由小到大、由浅到深的意象。在学生们明确诗歌写法之后，王老师特别设计了一个师生互动的语文活动：用具体的事物表达一种情感。王老师首先用一首小诗表达了自己对学生的思念之情，然后让学生用具体的事物表达师生离别和对老师的想念之情。在王老师的示范和鼓励下，学生们妙句连连。王老师这个师生互动活动的设计让学生在课堂语言训练中活用了课文中"用具体事物表达情感"的写作方法，学会了用诗意语言表达自己的情感。

王老师的这节课，以教材为根本，以诵读为入口，带着学生在课堂中读诗"韵"，探结构，品"愁"情，学绘"情"，既有激情，更有韵味，情韵并茂，上出了语文的"真"味。

发现的视角：语文品质课堂的价值追寻

——观吴春来执教《天上的街市》

李苏芳

课堂节录

节录一

师：这是一篇没有预习的新课文，我想请四位同学抄写这首诗，其他人在下面自由读，读完之后提出自己不懂的问题。

生：为什么说天河浅浅的，不甚宽广呢？

师：请你（指一女生）给他解释一下。

生：这是作者的一个想象。

（师板书：想象）

师：没错，这是作者的想象，实际上天河不是浅浅的。牛郎织女是一个神话故事，而在作者笔下居然成为了一个事实，这就是一种想象。

生：为什么把"流星"比作他们提着"灯笼"在走？

师："流星"和"灯笼"有什么相似性？

生：都明亮。

生：还会动。

师：这从修辞上叫什么？比喻修辞，作者通过联想把两者联系起来，诗歌里既有想象，也有联想。

（师板书：联想）

节录二

生：标题表达了作者什么样的情感？

师：咱们来读标题，（指一生）你来读。

生：天上的——街市。

师：我听见他读的时候，有同学在笑，为什么笑？

生：感觉他的情感太假。

师：（指一生）那你读个正常的。

生：天上的街市（说话般地读）。

师：我还是听见了笑声，你（另一同学）说说他们刚才读得怎么样。

生：都好。

师：这是一位非常自信的男生。

师：（指向一位女生）你来读读。

生：天上的街市（很小声）。

师：我也来读读，"天上的街——市""天上的——街市"（较平），还有一种，"天——上的街——市"（先扬后抑），哪种好？

生：最后一种好。

师：标题我们也要读出意蕴，一起来读。

生：天——上的街——市。

师：你别小看这似乎有点傻傻的读，这样读能读出作者的情感。刚才你们紧紧围绕一个问题，就是牛郎和织女。善于预习的同学提的问题就是不一样。比如诗歌第一段为什么老写明星、街灯，街灯、明星，你们发现没有？作者为什么要这样写？

生："远远的街灯明了"，从天上的角度来看是街灯明了；而从人间的角度来看是星星亮了，他把两者联想起来了，所以无数的明星就是无数的街灯。

师：很好。但他为什么要写两次呢？如果我把后面的两句删掉，不要了，大家读一下看，有没有刚才的味道？

生：没有。

师：为什么少了这种味道？

生：如果把后面两句删掉的话，就没有了朗朗上口的韵味。

师：没错，诗歌是怎样的艺术？

生：是节奏的艺术。

师：这是循环往复，体现诗歌的节奏。

（师抽一学生朗读）

师：刚才你的朗读，自我感觉如何？

生：我觉得我没有把情感融入诗句里。

师：没关系，老师来教你。我们想象晚上仰望星空的感觉，再读一读。

生：远——远——的街灯。

师：情感要饱满，但不要那么奔放，把它藏在心里就会更好一些。

（生读，情绪饱满而内敛。）

师：全文使用了四个"定然"，一个"定能"，为什么不都用"定然"？

生：我觉得如果把"定能"改为"定然"，读起来没有那么对称。

师：你读一下，感觉哪种好。

生："定能"骑着牛儿来往，"定然"能够骑着牛儿来往。

生："定能"简约，保持韵律的一致，更好。

师："定然"和"定能"的意思其实是一样的，诗人往往喜欢想象，定然表示一种坚定的向往和憧憬。

生：他写着天上的街市，为何写到了牛郎织女？

师：我们学过《卖火柴的小女孩》，当时第一根火柴一划，小女孩眼前出现了什么？

生：温暖的火炉。

师：为什么是火炉？

生：因为她当时太冷了，渴望获得温暖。

师：牛郎织女能相见吗？作者为什么要这样写？

生：希望牛郎织女能常相见。

生：是美好的向往。

师：言下之意，作者对美好生活的向往，与小女孩对火炉的向往是一样的。郭沫若何许人也？

（生念郭沫若的简介）

节录三

师：他的《上海印象》中有这么两句诗："游闲的尸，淫嚣的肉""满目都是骷髅，满街都是灵柩"。这种夸张里反映出当时怎样的现实生活？

生：残酷，黑暗，恐怖。

师：这是上世纪20年代的中国现实，作者写作此文，反映出对光明、幸福生活的渴望。

师：为什么写完街市才写牛郎织女，而不是直接写牛郎织女？

生：作者在人间观看天空时，由美丽的明星想到了美丽的街灯。由街灯想到了街市，街市肯定是非常热闹、美好的，然后就让人想到牛郎织女美好的爱情，但是他们的结局非常悲惨，所以他希望他们能够团聚，能够相见。

师：你接受吗？

生：还可以。

师：为什么不说可以，说还可以？

生：我觉得诗歌在这里表达得比较含蓄。

师：嗯，你的意思是说要具体表达，那是这样写吗？比如：你们快点相会吧，我希望你们两人永远幸福浪漫。这么写行吗？

生：不行。

师：一对情侣提着灯笼浪漫地行走，诗贵在含蓄，诗歌更多的时候是用形象来表达，而不是直接抒发情感。虽然也有直抒胸臆的诗。

生：天上是个很大的场景，人观天时，由看天慢慢联想到了牛郎织女，后来他看到了流星，更证实了他的想法。我认为是先看这个天，然而再看这个人，那么牛郎织女就是点，天上就是面，我们要先看到面，才能一点一点地看到这个点。

（生鼓掌）

生：我认为作者看流星，由场景的浪漫，然后就联想到浪漫的牛郎织女的故事。

生：写牛郎织女在天街闲游，表达了对美好生活的向往，也是作者送给他们的祝福。

师：我总结一下，两个同学从三个角度进行了分析：第一，事理的角度，先看到天上，再看到银河，最后看到流星，符合逻辑；第二，艺术审美的角度，点面结合；第三，文学创作的角度，凸显浪漫主义情怀，这么美的场景，是需要人出现的。记得马致远的《天净沙·秋思》吗？

生：枯藤老树昏鸦，小桥流水人家，古道西风瘦马。夕阳西下，断肠人在天涯。

师：如果把"断肠人"去掉，诗歌的韵味怎么样？

生：差很多。

师：味道就体现在哪里？

生：断肠人。

师：著名美学家朱光潜先生认为，写景，不能一味渲染景致，必须掺进一点人的情调、人的活动，诗才显得有生气。再举个例子，杨万里的《宿新市徐公店》的情趣体现在哪里？

生：儿童急走追黄蝶。

师：天上的街市出现了谁？他们在干什么？

生：牛郎织女相见。

师：太俗了。他们提着灯笼，在天街闲游。相见或散步浪漫不足，用闲游，那味道就出来了。（生笑）

观课悟道

吴春来老师是丰神俊朗的才子诗人，主张发现语文，真教语文，做真教育。他的诗歌写得云蒸霞蔚、荡气回肠，他上课也如风行水上，灵动飘逸。其执教的《天上的街市》一课，很值得品味和借鉴。

一、创设开放空间——曲径通幽

这是一节没有课前预习的借班上课，吴老师以发现问题为端，创设了自由开放的课堂，让学生在课文预习中尽情思索、提问。这无疑是执教者的一次自我挑战，然而这样自由生成的教学才是立足于学情的真教。提出问题是思维生成的起点，探究问题是学习能力生成的途径，解惑释疑是语文素养和人文品格生成的法门。吴老师以发现的视角让学生徜徉于语言文字的生命场，立象以尽意，引领学生抓住"学习语言文字运用"这根缰绳，发现语文的家：如何遣词造句，如何谋篇布局。从标题与词句的赏鉴入手，不径言牛郎织女之传说而先领略天上街市之瑰奇，不直言现实之衰而先详述天街之阜盛祥和，适时予以知人论世的点拨，在诗化的虚境与苦难的现实对比中明确向往宁静、美好生活之题旨。

课堂上，学生提问如天女散花、漫天画龙，老师释疑提纲挈领、曲径通幽，思维的逻辑与文本脉络契合。这是一个教育者博学明达与知行合一的完美诠释，在吴老师的开放课堂上，欣悦里的哲思，碰撞中的智慧，流淌着的文采，在思维纵横交错、自由舒展的枝桠里，盛放一树繁华。作为现场观课者，我看到整个课堂探究波澜层迭，建瓴走坂，如花间莺语，如珠落玉盘，如长河入海直奔尾闾之窟。

二、营造朗诵课堂——引人入胜

学诗，诵读尤其重要。姚姬传认为"文章之精妙不出字句声色之间，舍此便无可窥寻"。课堂上，吴老师的每一句话，都是声音的艺术，是思想的载体，随着音高、音质、音色、音域的选择，适时点拨、启发、示范，导而弗牵，让学生从字句中发现声音节奏，从声音节奏中发现作品的"情趣""气势"和"神韵"，发现语文之味、语文之本、语文之真。

读标题，当学生在吴老师的引导下准确地重音突出"天上的"这个音符，此时，浩渺的底色和温润的诗意在"街市"低音区零落起舞，宛转低徊。标题的咀嚼赏鉴，"定然"与"定能"的反复摩挲，"飘渺"与"定然"的矛盾与和谐中那向往美好生活的坚定信念，"浅浅的天河"里那长相厮守的脉脉期盼……于是，语言之精妙、诗歌之韵律、主题之隽永、技巧之浑厚，都在朗读里汩汩滔滔，倾泻而出。

读冲淡之诗，吴老师主张感情要饱满，但不要那么奔放，要读出节制的深情。这是朗读的艺术，一种淡雅的浪漫主义要求昂扬和激情要适度。

无须配乐的煽情，无须声音的歇斯底里和表情的渲染夸张，教学者干净而纯粹的声音准确地捕捉、演绎诗的画面、风骨和神韵，热烈与奔放都被控制在一定的分寸上，作适当的冲淡和降格，让情感流露轻徐舒缓，让听者获得想象的余地，保证了美感的实现。

三、构建审美世界——内化于心

教学的艺术，情韵在"旨"中，义理在"美"中，格调在"人"中。吴老师语约词微而开合有度，举类迩而见义远，构建了生命课堂的审美世界，在情感与思想的共鸣中，最终培养起学生的语文素养，体现出语文品质课堂的价值追寻。

童话和传说会借助联想和想象，把人们带到遥远时空——一个荒诞但一点也不令人感到虚假的世界。吴老师以《卖火柴的小女孩》作铺垫，让学生明确文本意图。天上街市的瑰奇祥和，迢迢河汉的清浅宁静，牛郎织女的相守相依，这样一幅"平和、美丽、清净"的图画，浸蕴着人类永恒的求索、希冀和矢志不渝的痴心与浪漫。诗歌之美，正在于诗人越过现实的蛮荒，让灵魂栖居在一个"平和、洁净"的世界，这是生命的悲悯与柔和，坚韧和高贵。

这样的铺垫和升华，吴老师信手拈来。以已学的《天净沙·秋思》和《宿新市徐公店》为例，结尾处才点出牛郎织女的结构艺术，更引朱光潜先生之语，升华到文学创作的高度，突出写景诗的诀窍：写景，不能一味渲染景致，必须掺进一点人的情调、人的活动，诗才显得有生气。

课堂，真正的目的不在于老师的才情与光辉展现到极限，而在于使学生学习的无限得以实现。面对读得不甚理想的学生，吴老师不虚美，不搪塞，不含糊，而是引导学生三省吾身，闻过则喜。高屋建瓴的点拨，推心置腹的勉励，翔实明确的点评……吴老师在学生的每一次发声中都倾注教学之美，内化于心，课堂推进张弛有致、气韵流转，潜义伏理腾跃而出，人格培育熠然生辉。

灵动与优雅并行，张力与厚度并重

——观李仁甫执教《面朝大海，春暖花开》

唐晓荣

课堂节录

节录一

……

生：前面的同学都说"喂马，劈柴，周游世界"是平常人做的事情，但是"周游世界"，我觉得不是普通人能做得了的。

师：哦，她提出了新的见解！……这个话题很好，我们一起来思考一下这句话是什么意思。"喂马，劈柴，周游世界"（轻声朗读），脑海中想象画面。（等待了一会儿）这种生活在我们都市中有没有啊？

生：没有。

师：那在什么地方有啊？

生：野外。

师：在野外！……让我们想象海子向往过什么样的生活。"喂马"，想象一下，他牵着一匹马，本来他是骑着的，去周游世界。现在他要补充能量，要到加油站，要喂马，自己也要劈柴、吃饭，是吧？填饱肚子，继续旅行，周游世界，这种生活是不是我们平常人能过的？不是！跟昨天四位小老师讲的完全不一样。你颠覆、推翻了他们的这种看法，我们掌声鼓励一下。（众生鼓掌）这就是课堂上的一种创新，一种独立的见解！请坐。

师：既然她提到了这种旅行，不妨我们下面学学海子，也来描绘周游世界的画面，好不好？因为周游世界，海子选定的是一个特定的动作或者意象——"喂马，劈柴"，那么，要表现"周游世界"这个主题，只有这一种写法，只有这两个意象才能表现吗？同样的主题，同样的格式，我们能不能也用几个字来写一写呢？比如用两个动作。当然我们也可以创新，不用两个动作，而是用名词型的两个意象。我来举例，好不好？

生：好。

师："踏雪，听风"，"踏雪"，就是踏着雪，"听风"，耳边听风，"踏雪，听风，周游世界"，行不行？

生：行。

师：再比如，"客栈，板桥，周游世界"，……诗歌的意象常常有跳跃性！好，每个同学动笔写一写，好不好？我们想象一个人周游世界会怎么样。注意，这种生活要像刚才这位同学讲的，不像是世俗人过的生活。（停顿了一会儿）能不能这样写，"汽车，火车，周游世界"？（众笑）好像没有诗味吧？

生：没有。

师：确实没有，这是什么？这是现代化的都市生活。现在咱们想象是在乡村，是在野外，是那种自由的生活，好，大家来写一写。

（学生动笔，教师巡视。一分半钟后请学生发言。）

师：好，先写好的可以先发言，来和大家分享一下你的思考成果。

生：汲泉，踩水，周游世界。

师：哦，汲泉，就是汲水。踩水，就是踩着河水。大家看看怎么样？……我们写的意象要有典型性，尤其是相邻的两个意象，不能重复，不能有过多重叠、交叉的地方。"汲泉"，还有什么？

生：越岭。

师："越岭"，翻越山岭，"汲泉，越岭，周游世界"。

生：暮舟，云影，周游世界。

生：北斗，年轮，周游世界。

师：北斗，北斗星，年轮，树的年轮。嗯，北斗什么意思？

生：指明方向。

生：竹杖，蓑衣，周游世界。

生：晨曦，暮霞，周游世界。

师："晨曦，暮霞"，把一天当中的不同时间写出来了，也写出了周游世界一天之中的不同风景，用了两个富有特征的意象。还有没有了？

生：寻青，踏雪，周游世界。

节录二

师：就像刚才的"周游世界"，我们可以重新寻找意象，现在我给你们一所房子，也就是说，你们现在都有一所房子了（众笑），"面朝哪里，怎么样"，按这个句式写。写出你心中和海子一样超脱的世界。

（学生动笔，教师巡视。两分钟后请学生发言。）

师：来，谁来发言？难道就"大海"可以面朝吗？有没有其他地方？

生：面朝山林。

师："面朝山林"，会有怎样的感受？

生：竹叶翩飞。

师："面朝山林，竹叶翩飞"，有没有意境美？是不是一个超凡脱俗的世界？王维经常会"独坐幽篁里"，坐在竹林里，看"明月松间照"的场景，是吧？还有谁发言？

生：我有一所房子，面朝沙漠，金色如火。（众笑）

师：不要烧掉啊！你先请坐。（众笑）这个大家点评一下。

生：很直接，很豪放。

师：嗯，直接，豪放，是吧，到大漠去了。这个也可以呀！是不是超凡脱俗的世界？

生：是的。

生：我有一所房子，面朝麦田，春耕秋收。

师：面朝——？

生：麦田。

师：麦田，也就是麦地。"春耕秋收"，这是什么场面？是世俗的还是超凡脱俗的？

（众口不一）

师：有同学说是世俗的，有没有反对的意见？

生：有。

师：我认为也可以是超凡脱俗的，谁能帮我补充一下？好，你！

生：陶渊明。

师：对了，陶渊明！面朝麦地，未必就是世俗的生活，要看你以什么样的心态来面对。

节录三

师：我受到同学们的启发，发现海子诗歌中有一句话，成为妨碍你们理解这首诗的一个最大障碍。我敢断言，这个障碍妨碍了90%的研究者理解这首诗。我看了教参，它就认为海子向往世俗的世界，向往普通人的生活。哪句话影响了大家的解读？"从明天起，关心粮食和蔬菜"。正如刚才一位同学说的"麦田"也可以昭示超世俗的生活，那么，"粮食和蔬菜"难道就只能意味着过世俗的生活吗？

生：不是（小声）。

师：陶渊明也关心粮食和蔬菜，对不对？好，我们弄清了这个问题。我们眼前现在有两个世界：一个是海子的，超凡脱俗的世界，是一个理想世界；还有一个是世俗世界、现实世界。他怎么对待这个现实世界的？（等待了一会儿）他首先是鄙视，"我只愿"，就是"我不愿进入你们的世界，我不稀罕加入你们，我站在一旁，我只愿'喂马，劈柴，周游世界'"，"关心粮食和蔬菜"，"我"只愿"有一所房子，面朝大海，春暖花开"。"我"幸福着这个世界，也许你们世俗的人认为"我"海子——孤独、忧伤，其实，不！"我"不孤独、忧伤，因为"我"有幸福，"我"要把幸福闪电般地告诉谁？

生：亲人。

师：每一位亲人。……他向往这种生活，所以文中有两个世界。我坚决不能认同大多数人的研究观点，认为海子向往世俗生活，最后又回避这种生活，把这个门关起来了。既然他本来就不向往，那还谈得上"关"吗？他已经背离这种世俗生活了，他已经走了，走到那种理想生活去了，加入到谁的队伍了？老子、庄子、陶渊明、苏轼这些人的队伍里去了。……"我只愿面朝大海，春暖花开"，海子坚守自己的世界，但是他有没有对我们的世俗世界进行嘲笑、反击？

生：没有。

师：没有，海子没有！这就是海子的善良之处，海子是一位善良、真诚的诗人。然而，人们也说这首诗反映了海子的孤独、忧郁，确实也有这个意思，有一个词透露出了这种信息，表明海子在向往这种生活的时候仍然摆脱不了一种忧郁、孤独。哪一个词？

（有人小声嘀咕）

师：哪一个词？请说出来。

生：明天。

师：大声说!

生：明天。

观课悟道

李仁甫老师是"生成语文"的倡导者，他认为教学应有"现场感"，应是师生双边互动的自然生成。在《面朝大海，春暖花开》的教学中，以学生品读鉴赏为主，李老师则灵动赋形，板块聚神，使课堂在互动中自然生成，让观者如同行走在优美的语文风景线上，感受灵动与优雅并行，张力与厚度并重的和谐。

一、品读鉴赏牵手"意外"，灵动随性

李老师的课讲生成，其实就是捕捉课堂教学中学生的"意外"表现。

生成是以每一个学生为核心的教学过程，也是不断衍生意外和陌生的双边互动。每个学生都是个性鲜明的生命体，他们有着不同的生理条件、家庭背景、生平经历、学业水平等，因而对于情感的感知和理解自然会有所不同。由于这种差异性而形成的新颖、个性的情思则让课堂"意外"迭出，生出灵动之姿。在学生品读鉴赏诗歌时，一女生提出"喂马，劈柴，周游世界"并非世俗的生活这一观点时，可谓一石激起千层浪，李老师连

用"颠覆""推翻""创新"来肯定这个"意外"，随即牵手这个美丽的"意外"，赋予它"形态"——打开海子精神世界大门的钥匙，即喂马，劈柴，周游世界，是自由美好的象征，是超凡脱俗的理想世界，绝非日常的庸俗世界！其后更是用创作练习再次赋其形，赋予"意外"美丽诗意的形态，如水一般灵动多姿。在学生品读鉴赏的过程中，诸如此类的意外，比比皆是。可以说，没有这些美丽的意外，没有教者的随缘赋形，课堂的灵动绰约、轻盈飘逸便无从谈起。当然，这种灵动是以教者的优雅为底色的，因为只有教者胸中有万千丘壑，才能生出山清水秀的灵动与绰约。

二、二次创作激发想象，张力十足

李老师的课讲生成，也体现在当堂创作的"意外"发现。

诗歌鉴赏的最高境界就是诗歌创作，而创作离不开丰富的想象。在鉴赏诗歌时，引导学生用诗歌的语言将无形之情化为有形之物，不仅有助于学生感悟诗歌的内涵，品味诗情画意，更有助于丰富学生的情感，感受美的熏陶，开启美的心灵。在课堂上两处创作练习中，李老师"用诗意呼唤诗意，用文字诱引文字"，学生们才思如泉涌，迸发出极大的创作热情，从"汲泉，越岭"，到"暮舟，云影""竹杖，蓑衣""晨曦，暮霞"……从一开始的想象力非凡——"面朝山林，竹叶翻飞"到后来的燎原之势——"面朝沙漠，金色如火""面朝麦田，春耕秋收"……优美的意象，诗意的世界，超俗的意境，通过学生一次次的想象，一次次的表达，就这样自然而然地生成了。相信他们在诗歌语言的海洋中畅游的同时，对海子所追求的"超凡脱俗"的理想世界也有了更加深刻的理解。在他们的笔下，超俗的世界如此美丽，如此灵动，两个叠加的意象仿佛一帧帧流动跳跃的画面，具有立体感和动态的美感；一个个丰富瑰丽的色彩，又给人以强烈的视觉冲击，张力十足。

三、板块整合凝聚情思，厚度可见

李老师的课讲生成，离不开板块式的弹性预设。

李老师认为生成课堂是"大开大合"的课堂，能够"保持如山的沉稳，超越至如水灵动的境界，以灵动之水映照沉稳之山"。这"开""合"之间通过板块式的弹性预设来落实：当学生任意切入文本并就此展开时，教师能通过"互联"（基于文本而进行的非简单线性的多维连接）和"聚焦"（在互联过程中自觉提取的最本质的东西）来即时应对。纵观整首诗歌的教学，学生对诗歌内容的理解看似"碎片化"，非常散乱，但细究之下，我们发现其实它们都在"两个世界"这一板块的预设之下，一个是我们的世俗世界，"只愿"和"愿你"是海子看待这一世界的态度，而"喂马，劈柴，周游世界"和"面朝大海，春暖花开""粮食和蔬菜"则是海子的理想世界，所以，通过"互联"就能将这三个片段联系起来。通过"聚焦"，学生们的情思则开始凝聚，从"喂马，劈柴"等感性的意象叠加过渡到"世俗"与"脱俗"的理性思考，层层递进，逐步走向海子的精神世界，深入了解海子的生活哲学和人生态度——他是善良而充满暖意的旁观者，他是追求理想世界而不得的孤独者。杜威曾说"教育即生长"。在生成课堂的互动过程中，学生的思维与学理共进，情怀与智慧共生，生长汩汩流动，足见这堂课的教学厚度。

诗歌教学应注重"三感"

——观陈钟樑执教《致橡树》

蒋冰芝

课堂节录

节录一

师：（板书：《致橡树》舒婷；微笑着面对六人围坐形成弧形的六组学生）同学们，这节课是自读课，我们要自读的课文是舒婷的《致橡树》。自读，主要是大家自己阅读、分析、理解，在一种宽松自由的状态下进行，可以吗？

生：（齐）可以！

师：下面请同学们自由读课文，自读时可以仔细些，并且看一看课文的自读提示。

（生朗读）

师：这位同学读得非常好！节奏、情感都把握得很不错，读出了诗人的爱情观。不过，我想请教你一个问题：你在读"不，这些都还不够"时读得比较柔弱，而不读成"不，这些都还不够！"那样的强烈语调，为什么？

生：（思索片刻）我觉得这样读感情深挚。

师：（引导学生）从这首诗本身的内容来讲一讲。

生：这样读，是对旧的爱情观的否定……

师：否定就应该读强烈一点，可读成"不，这些都还不够！"为什么反而要弱化语调？

同学们讨论一下，这句怎样读更好，为什么？

生：我们这一组认为这一句既然是否定、批判旧的爱情观，提出新的爱情观，那就要读得响亮一些、强烈一些才好。

生：我认为这一句读的时候弱化一些好。强烈的语调显得急促，没有回旋的余地，给人一种悬在空中的感觉，不实在，所以，弱化语调的读法更好，这样读对感情的深化很有作用。

师：很好！说得很有道理。同学们刚才对问题的思考很深入，回答很好！这里读的语调强化好，还是弱化好，我在读的时候没有想到。这里弱化，下面逐渐强烈起来，这样处理，也是很重要的，为了后面的扬，前边怎样呢？（生回答"先抑"）对，先抑，然后再扬。我想到的是，诗前半部分的"绝不像攀援的凌霄花，绝不学痴情的鸟儿"中的"攀援""痴情"，这全是错的吗？全错了，所以被诗人否定了；接下来的"也不止像泉源，也不止像险峰"中的"泉源"和"险峰"是全错的吗？（学生议论）不全错的；前后构成排比，否定的情感好像逐步在弱化，对不对？当然，同学们处理成强化语调也可以，关键是你自己对诗意的理解。

师：现在我们来集中讨论以下这些问题：你喜欢这首诗吗？为什么喜欢？你最喜欢诗中的哪些句子？或者，哪些句子你还不太喜欢，为什么？下面我们可以分组讨论，讨论好了由一两位同学代表小组发表意见，好不好？（学生齐答：好！）但我们先要推选出今天这场讨论的主持人，主持各小组的讨论。

（一生站起）

主持人：现在，大家就开始讨论。（约四五分钟后）我想，大家可能讨论得差不多了，各小组用一两句话概括好讨论的意见，然后选一位同学发言。

生：我们小组讨论的意见是：大家非常喜欢这首诗。原因是诗中用了许多比喻、排比、对偶，形象地表现了诗的意象。如"我必须是你近旁的一株木棉，作为树的形象和你站在一起"等，把新旧两种不同的爱情观表现得非常鲜明……

生：我们小组认为，诗中的"根，紧握在地下/叶，相触在云里……但没有人/听懂我们的言语……"等句写得很精彩，它形象地道出了诗人深沉而不浮泛的爱情观。

……

师：（起立，向主持人示意）刚才大家的讨论很好，也很深入。我补充一点，这首诗是舒婷的名作，表现了诗人不同寻常的爱情观。但有一点要注意，这首诗写于什么时候呢？（生：写在1979年）对，写在1979年。当时诗人仅二十几岁，她渴望自由，渴望爱情，渴望未来。她当时写的诗还比较嫩气一些，是不是？如果今天的舒婷要再一次"致橡树"，她可能会对诗中的有些诗句作调整修改，就不会写"这才是伟大的爱情"那么直露简单的话了（众大笑），下面请主持人小结一下。

主持人：这首诗写在"文化大革命"结束之后不久，诗人用多种修辞方法，形象地表达了自己崭新的爱情观；但诗人的情感还没有完全现代化，所以，爱情观也还没有完全现代化……（众大笑，热烈鼓掌。）

师：（向主持人表示谢意）你的主持很出色，谢谢你！（主持人含笑走回座位）讨论就此结束，好吗？下面我们试做三个作业：（1）重写一段自读提示，或对自读提示进行一些修改；（2）代今天的舒婷修改一下个别诗句；（3）写一篇短文"读《致橡树》"，赏析一下这首诗。第三个作业放到课后去做。右面两个小组和左边一个小组修改自读提示，其余的小组修改诗句。

（生以小组为单位讨论）

节录二

师：（看了看时间，走进学生中去，时而听讨论，时而点拨几句，连续走进三四个小组，五六分钟后，走到讲台前）同学们做作业时很认真，当然，我们的作业不可能尽善尽美，只要有道理就行。下面，先请修改自读提示的小组汇报一下，你们是怎样修改的，原文哪些地方不太妥当，如何修改，为什么。

生：我们小组修改自读提示的意见是：在提示的前面或恰当的地方点明写作时间，以便阅读全诗时能结合时代背景进行更深入地理解；另外，还可以在提示里结合另外一些课文的点拨，以便我们更好地理解作者的爱情观。

师：这个同学的意见很好！提示里结合课文，比如高二的《孔雀东南飞》，高一的《荷花淀》等，这样能帮助我们更好地理解诗中的爱情观。还有其他意见吗？

生：提示中除了对这首诗的有关写作方法提示点拨外，还可以就诗中有些不符合现代语法的句子说明一下，以便我们较快地理解，提高阅读效率。

……

师：同学们提出的修改意见非常好，很有价值，引人思考。下面，请修改诗句的小组发表意见。

生：可以把"我们分担""我们共享"中的"我们"改为"你和我"，那样既表示强调，又能表明一种更深沉的关系。

生：为了和诗中的"像刀，像剑，也像戟"对比，可以把"像沉重的叹息"等两句改成"像冰凌，像雪峰，像大海"之类的，当然，我们这里的改只是一种学习，不一定对。

师：正像刚才这位同学讲的，我们这里的改，只是一种学习，学习嘛，就可以随便一点，畅所欲言，对吗？我想舒婷要是在现场听一听大家的意见，如果她想再写一首诗，把大家带进21世纪，一定会写得更好……（下课铃响）

观课悟道

陈钟樑先生说过，语文课的最高境界是上成语文课。在我看来，陈先生的《致橡树》一课让学生在朗读和赏析诗歌中获得语感、美感和情感，就是一堂真正的语文课。

一、本色朗读让思维纵深推进，构筑学生语感

所谓语感，就是"主体对语言所产生的敏锐的直接感受和对语言形式、语言意义进行再加工、再创造的心理行为能力"。陈钟樑先生在《回归自然 呼唤宁静》中说："语文课堂上，不能没有琅琅读书声。……在教学中，应用足课本中的范例，通过诵读让学生在头脑中建立起相当数量字、词、

句的语文模型，确保摄入的是语文材料中的绿色食品。"从先生的课堂中，可以深刻地感受到，朗读不是对文字简单拙劣的表达，而是培养学生语感、形成阅读能力极为重要的途径。不难发现，本色朗读就是在尊重文本的基础上读出文字该有的语气与情感，本色表达出作者的情意。

课堂上，在朗读的环节，先生采用自读分组，让学生在宽容自由的环境中，以诵读来触摸诗意。在肯定学生朗读节奏、情感的同时，让学生通过对"不，这些都还不够"的朗读语调的强弱，去直接感受和领悟语言文字背后感情的深浅。同时，从诗歌内容出发，步步引导学生理解文章独树一帜的结构和炽热奔放的诗意。学生们既提出"强烈的语调显得急促，没有回旋的余地"，又想到"既然是否定、批判旧的爱情观，提出新的爱情观，那就要读得响亮一些、强烈一些才好"，其思维无疑是在向纵深发展。所以，让学生本色朗读，在朗读中去具体处理诗句的语调、重音、停顿、情感等，才能让他们逐渐形成对语言文字敏锐而直接的感受、领悟能力，才能让他们的思维纵深推进，从而在以后的学习中能对语言进行再加工、再创造。

二、字斟句酌让诗韵文霞潋沦，涵蕴学生美感

陈钟樑先生指出"文本的阅读，永远是语文教学的本质和主流"，只有真正领悟了作者遣词造句的匠心，才能品味出词语的深刻内涵。教学中，先生教法独特，从学生的角度出发提出问题。从诗歌的内容和角度两个方面高屋建瓴地建构课堂教学，在师生互动中迸发思想的火花。对文本的解读，从学生的喜好出发，询问学生喜欢哪句诗，为什么会喜欢，让学生从赏析的角度字斟句酌，培育美感。首先，学生在老师的引导下，从为何要这样遣词，而不能那样遣词的角度，畅所欲言。从手法、意象、句式、诗情诗意等方面，多角度地感知了截然不同的新旧爱情观。博采众长，有的放矢。其次，放手让学生赏析文本，从作者的角度找不够好的部分，在修改诗句的同时写赏析短文，结合自身的理解再次阅读及再创造。如"我们分担""我们共享"中的"我们"尝试改为"你和我"，因为那样既表示强调，又能表明一种更深沉的关系；"像刀，像剑，也像戟"为了突出诗歌的

对比，尝试把"像沉重的叹息"等改成"像冰凌，像雪峰，像大海"之类的句子。学生在字斟句酌后对语言再加工，再创造。他们主动讲究结构的对称，并运用排比手法，突出语言的韵律美，或静态，或动态，或明丽，或壮美。他们在品读诗歌语言获得"美感"后，再主动创造美，形成获得"美感"—创造美的良性循环。这样的课堂，既细腻又优美。

三、多维探究让题旨腾跃迭出，激活学生情感

诗歌教学的一项重要内容就是"用诗情召唤诗情，用思想垂钓思想"。他在引导学生理解《致橡树》的主题时，既重视对内容的引导，也强调文本的形式，让学生从诗歌的布局、句式、诗意上发掘，感知诗句，体会诗情，继而洞察舒婷提倡的爱情观。先生在课堂教学中，结合高中文本中相似主题的课文，如《孔雀东南飞》《荷花淀》等，求同存异地理解文字背后的情感观念。同时，还结合写作时间及写作背景，把诗人渴望自由，渴望独立平等的爱情，循循善诱地引导学生理解接受。中学生的情感世界蓬勃待发，引导学生在生生互动中逐步理解这样的爱情观，对培养学生的情商，开启学生的心灵世界，健全学生的人格无疑有着重要的作用。语文教学即生活的教育。引导学生在学习时"与生活相联系"，既唤醒了智慧，又烘焙了情怀，建构了学生的人格和情感世界。这样的课堂，既深刻，又"多情"。

一堂语文课，尤其是诗歌教学应注重"三感"——"语感""美感"和"情感"，这是观陈钟樑先生《致橡树》一课之所悟。

"读"促"疑"·"疑"促"思"·"思"促"赏"

——观程红兵执教《雨霖铃》

唐宜琴

课堂节录

节录一

师：今天我们要学习的是一首宋词。下面，就请李佳梁同学来主持这篇课文的教学。

主持人：下面要学习的《雨霖铃》这首词，可以说是柳永婉约风格的集中体现。《雨霖铃》这一词牌，本来是唐代教坊大曲，一作"雨淋铃"……

下面请大家听一听该首词的录音朗读。

主持人：从刚才的录音朗读中，我们不难发现，这首词的基调格外低沉。作者运用了"切""歇""噎""阔""别""月""设""说"等十个入声韵，不押韵的地方也多以仄声来收句，如"绪""处"。大家都能感觉到，入声字短促、急迫，容易传达悲切、痛楚的情绪，加上又用了双声的齿音，如"凄切"，令人想象到那种抽泣、哽咽之声。由于充分发挥了词的音乐性能，作品形象的凄美和声音的凄凉相统一，从而增强了艺术效果。此外，我们在朗读的时候还应注意保持乐句的完整性。下面就请大家一起朗读《雨霖铃》。

（生读）

主持人：好的诗词，要多读多背。在诵读的过程中，推敲字、词、句的意思，体会作者在作品中表达的感情，是十分重要的。有句话说"书读百遍，其义自见"，讲得很有道理。所以，下面我给大家4分钟的时间熟读这首词，并在此基础上，争取把它背诵下来。4分钟以后，我要以小组为单位，检验大家背诵的效果。同时也可以比较一下，哪个小组中的成员强记的本领最强。大家现在可以开始背诵了。

主持人：好，时间到。让我们先从第一组开始，若前一位同学在背诵时发生"卡壳"或错背，就请坐下，由下一位同学接着背。我们一起来看一看，哪一组用最少的同学完成《雨霖铃》的背诵。

（各小组背诵）

主持人：从刚才各小组的背诵情况来看，大家都用心去读、去背了这首词。《雨霖铃》的字面意思并不复杂，课文的注解也比较详细，应该说大家在这方面不会有太大的问题。接下来的几分钟，留给大家提问，不管是字面上的，还是诗作理解上的疑惑，都可以举手发问，我们一起来讨论解决。

生：主持人刚才说，柳永是宋代词人中婉约派的代表人物，其词作多曲折委婉。《雨霖铃》中有"念去去，千里烟波，暮霭沉沉楚天阔"一句，我觉得此句应当出现在豪放派的词作中，而现在出现在婉约派词人的代表作中，是否有些矛盾呢？

主持人：我认为这句话在整首词中并不矛盾。它表现了作者在离开京城、离开心爱的人之前，对前途感到茫然，楚天辽阔却不知路在何方的内心感受，抒发了一种凄婉、哀怨的情感——这是理由之一。第二，在介绍宋词时，我提到过豪放派和婉约派的划分不是绝对的，同一个词人既可以有婉约的作品，也可以有豪放的作品，所以即使这句话有些"豪放"，也不会产生矛盾。

师：我再补充一下，我们现在所说的"豪放"也好，"婉约"也罢，都是后人评论的——是后人加上去的。这些词人可没有承认过自己是属于哪一派的，更没有想到自己今后会被归作某一个派系，他们完全是按照自己的意愿进行创作的。所以我们在鉴赏宋词时，需要体会和比较这两种不同的风格，没有必要拘泥于风格的划分，作一个非此即彼的判断。

生："都门帐饮无绪，留恋处兰舟催发"这句话是什么意思？作者写这句话有什么用意？

主持人："都门帐饮"，意思是在城门外设帐饯别，"无绪"指心情不好，

"兰舟"就是木兰木造的船。整句话可以这样理解：在京城门外设帐饯行，诗人和他的爱人彼此心里都不好受，就在两人依依不舍、相互留恋的时候，船夫却不停催促诗人赶快出发。我们不妨想象一下这样的情景：好友在机场送你，两人相视无语、难舍难分的时候，机场的广播里传来你乘坐的那个航班马上就要起飞的信息，此时你也许会希望时间就在这一瞬间静止。作者当时的体会与这种感受应当是相同的。

生：这首词的开头有"对长亭晚"一句，由此我们可以知道诗人是在晚间乘船离开京城的。但据我所知，限于古代航行技术的落后，晚上一般不会开船。作者在这里是不是故意说成"晚"呢？

主持人：在古代，晚间不能开船吗？这我没有听说过。你认为这里作者有意把离别的时间定在晚上，这倒不见得。就我看来，两人相对而坐，畅饮饯行，一直到日落西山，只好在夜间出发，这也是顺理成章的嘛。

生：我记得唐朝诗人张继的《枫桥夜泊》中就有"夜半钟声到客船"一句，可见在晚上开船并不足为奇。

师：能够联系以前学过的课文和知识，并灵活运用，这很好。其实在我们刚学过的白居易的《琵琶行》中就有"浔阳江头夜送客"一句。

节录二

主持人：读完全词之后，相信大家一定感受良多。词中也一定有精彩的句子给你留下了很深的印象。下面就请大家说说自己觉得该首词中写得最美的句子，并且一起讨论为什么这句话会给人这样美的感觉。

生：我最喜欢的一句是"念去去，千里烟波，暮霭沉沉楚天阔"。"千里烟波"让人联想到烟波缥缈的江面，想到江面上的一叶孤舟；黄昏已过，暮色沉沉，诗人正如在黑暗中前行，前途不定；空有望不到边际的辽阔楚天，却不知道下一步该走向哪里。诗人的这种忧伤、无望、彷徨的复杂心情，跃然纸上。

生：我印象最深刻的一句是"执手相看泪眼，竟无语凝噎"。首先，我认为这句话生动地刻画了离别时两人恋恋不舍的情态，很是传神。另外，作者"无语凝噎"的描写极能打动人。试想，在这样一个离别的时刻，"无语"明显要比互道珍重的效果好得多。白居易有"此时无声胜有声"，苏轼有"相顾无言，惟有泪千行"，和这句堪称有异曲同工之妙。

生：我觉得全词的第一句"寒蝉凄切，对长亭晚，骤雨初歇"很有味道……

主持人：前面几位同学提到的，我都颇有同感。我个人以为，"今宵酒醒何处？杨柳岸晓风残月"这句十分精彩……

下面让我们再将《雨霖铃》齐读一遍，注意要把作者的感情融入其中。

（生读）

主持人：通过刚才的再次朗读，相信大家对《雨霖铃》这首词有了更多体会。词，无论是虚写、实写，总离不开写景、写情。景是"清秋节"，情是"伤离别"，以清秋之萧飒，写离别之凄恻，即景抒情，融情于景，臻于情景交融的化境。这首《雨霖铃》乃是写景、抒情与叙事的统一，并寓含着说理成分。词人于离别的场面、进程的展示中进行写景、抒情，笔下自是由眼中景包罗了景中人、人中事、事中情、情中理。作者别开生面的写景、写情，是柳永在词的艺术表现上的杰出创造。正如清代词人冯煦在《宋六十一家词选·例言》中所说："耆卿词曲处能直，密处能疏，傲处能平，状难状之景，达难达之情，而出之以自然，自是北宋巨手。"全词语言清新，节奏鲜明，音韵和谐，很适合于歌唱。

（下课铃声响起）

师：感谢李佳梁同学的主持，他还为我们准备了许多精彩的内容，我们明天继续享受。另外，请大家课外完成《雨霖铃》的背诵。今天的课就上到这里，下课！

观课悟道

特级教师程红兵老师执教的《雨霖铃》，简约中见丰厚，丰厚中见功底，颇值得咀嚼、回味。

一、以"读"促"疑"，善铺垫

"学贵有疑，小疑则小进，大疑则大进。疑者，觉悟之机也。一番觉悟，一番长进。"学生学习也是如此。在课堂教学中，好的教师善于教会学生质疑。教师要让学生产生疑问，从何开始呢？程老师在执教《雨霖铃》一课时就作了很好的示范：在诵读中质疑。课堂上，当主持人介绍了文体、作者的相关知识后，并没有抛出问题引导学生进入文本，而是让学生自主进行读和背诵的活动，4分钟后以小组为单位进行抽背检查。这一环节看似无意为之，其实大有真意。正是因为有了学生自由诵读这一环节作铺垫，学生与文本的对话才真正开始。诵读前，学生的思维没有受到主持人或老师先入为主的限制，这样能保留学生与文本接触的新鲜感，保护了学生多向质疑的可贵的火花，从而为学生在读诗时产生疑问铺好了路。当学生背诵诗词时，学生得自主推敲字、词、句来理解文意。在推敲的过程中，学生的头脑中会呈现出诗词所描绘的画面，从而由画入境，体会作者在作品中表达的情感。

二、以"疑"促"思"，巧激活

程红兵老师认为："我们一切的形式，说到底根本目的在哪里——激活学生。如果这个是可以承认的话，那么我就引出另外一个概念，叫作'思维流量'。衡量一节课的好坏，看这节课老师和学生之间的思维流量到底怎么样，老师流出多少，学生流出多少，流出的质量到底如何。"《雨霖铃》一课的教学，虽然由学生主持，但都在程老师的引导之下进行。这里的引导，不是对学生问题的引导，而是对学生思维能否被有效激活的引导。在诵读文本后，学生与文本有了第一次对话，产生了疑问：一学生从已掌握的宋词流派的知识出发，觉得"念去去，千里烟波，暮霭沉沉楚天阔"出现在婉约派词人的代表作中有矛盾，一学生从"都门帐饮无绪，留恋处兰舟催发"一句质疑句子的意思及写作用意，一学生由"对长亭晚"一句质疑作者有故意说成"晚"的嫌疑。这样，学生的思维被激活了，学生与文本的对话由单一向多维、由自主思考向合作探究进发，学生逐渐走进文本，触摸诗情画意。这样，就为后面赏析诗句做好了热身。

三、以"思"促"赏"，贵提升

古代诗词的阅读教学，是要教给学生赏析的能力。在传统教学中，语文老师提出问题，学生按照老师的要求进行赏析，一切在教学预设中进行。而程老师却突破传统教学模式，用"挖掘美点"的方式继续激活学生的思维，把思考和表达的权利还给学生，使学生思维向纵深发展，让学生领会更多的美，从而提升学生发现美、捕捉美和表达美的能力。这样，学生的审美鉴赏与创造能力就在教学过程中得到了提升。从整节课来说，"把握诗作的景与情""探究诗歌的意境"是教学预设的，但学生赏析的句子却不是预设的，而是由学生提出并自主赏析的，从而让课堂生成摇曳多姿：一学生由"念去去，千里烟波，暮霭沉沉楚天阔"一句调动联想和想象展现了诗作的画面，触摸了诗人忧伤、无望、彷徨的复杂心情；一学生通过描写方法的赏析联想到"此时无声胜有声""相顾无言，惟有泪千行"，体会离别时两人恋恋不舍的情态的传神及打动人心之处；一学生则从炼字的角度，着眼于"寒"字，分析了其在诗中的作用，并且引出了整首词的关键——"凄切"一词为全词奠定了悲凉的基调。此外，学生没有赏析到的地方，主持人就适时补上，从而完成了整首词的赏析。以"思"促"赏"，不仅激活了学生的思维，更是提升了学生鉴赏诗歌的能力，正验证了程老师"我们老师最重要的是，让我们的孩子成为一个聪明的人，让孩子学会思考问题，而不是给他现成的结论"的观点。

第五辑　写作类

"活动"里的学问

——观张化万执教《摔鸡蛋的学问》

王海涛

课堂节录

节录一

师：昨天，张老师给大家布置了什么任务？

生：把鸡蛋从四楼摔下去，看有什么办法能让鸡蛋壳不破。

师：当时，你的第一感觉是什么？

生：我的第一感觉是——难。

生：不太可能。

生：很刺激。

师：现在的感觉怎么样？

生：这么有难度的问题，我都能解决，我觉得很自豪。

生：我觉得很轻松，仿佛心里的一块石头落地了，因为鸡蛋壳没破。

师：你们想到了些什么办法？

（一位学生上前展示：空花篮里垫上海绵，鸡蛋装在小布袋里，然后拴在花篮的提手上。）

生：这是我与陶莹合作完成的。

师：你怎么会想到与同学合作？为什么不一个人做？

生：我觉得很多事情都需要大家一起来努力，这样才能想到更好的办法。

师：你很有现代人的合作意识。

（另一位学生上前展示：鸡蛋被层层包裹，系在自制的小降落伞下。）

师：请告诉大家，你是怎么做到的？

生：第一次实验时，我用两块海绵将鸡蛋包起来，用线捆住，摔到地上时，线松开了，鸡蛋破了。后来，我用油纸袋做了一个降落伞，把鸡蛋系在上面，增加它的阻力，摔下去时，鸡蛋壳没破。

师：光脑子想还不行，还要动手实践。这是他两次实验的结果。今天我们班里那么多同学想出了办法，大家有什么感想？

生：很高兴。

生：很激动。

生：很兴奋。

节录二

师：咱们小学生写作文，主要做到两条：感情真实，内容具体。昨天你感到难，感到很刺激，完成后，你就会感到很自豪、很轻松。请你捕捉一点当时真实的感受，用10分钟时间写出来，注意写出自己的心里话。

（生即时写作片段，写完后汇报交流。）

生：我写的是第一次听到要求时自己心里的想法，听到老师说，要把一个熟鸡蛋从四楼往下摔，并使鸡蛋壳不破，我的心里有一种不敢想象的想法。

师：他用这句话表达自己的感情是对的，还可以写得更简单些，谁能帮帮他？

生：我的心里有一种不可思议的想法。

生：我简直不敢想象。

师：对，写成"我简直不敢想象"就行了。

生：（继续读）这位老师不是在开玩笑吗？又不是铁蛋，而是比纸更容易破的鸡蛋，怎么可能不破呢？除非它是生的，而且是个鸟蛋，在空中遇到一股热气流，孵化出一只小鸟飞走了，这倒是有可能的。

（全体师生热烈鼓掌）

师：很有创意。鸡蛋变鸟蛋，鸟蛋变小鸟飞走了！如果不是这样，对

"我"来说只有三个字：不可能。

（全体师生又一次热烈鼓掌）

师：这位同学思想很开放，想象大胆。其实只要敢于去想，你们的想象力都很丰富。

生：（继续读）哎，这个办法又失败了。

师："哎"这个很简单的字，把当时的什么给写出来了？

生：（齐）难。

（另一位学生读）

生：我烦躁极了，因为明天张老师要来上课，还给我们布置了这个任务：把一个煮熟的鸡蛋从四楼摔下去，有什么办法能使鸡蛋壳不被摔破？我的第一个办法是：往塑料袋里装满沙子，将鸡蛋放在中间，然后从1米高的地方摔下去。可是，落地时，沙子散开了，鸡蛋壳也破了。鸡蛋从1米高的地方摔下去都破了，更何况从四楼摔下去呢？

……

（教师鼓励学生修改作文，学生认真修改。）

师：把你认为改得成功的地方，给大家欣赏欣赏。

生："心里有一种获大奖的感觉，觉得自己既能干，又聪明，简直像个神童"改成"心里有一种获诺贝尔大奖的感觉，觉得自己既能干，又聪明，简直像只快乐的小鸟"。

生：我实验成功后，简直像中国足球冲出亚洲一样，高兴得不得了，真想狂欢一天。

节录三

师：张老师想请教大家，今天这个实验，我们大家都做了，怎样才能写出自己的个性来？你们四人一组讨论一下，可以拟些什么题目呢？

（生自拟题目，然后汇报。）

生：《鸡蛋历险记》《一堂有趣的作文课》《有趣的张老师》《有趣的实验》。

生：《"铁"鸡蛋》《鸡蛋里飞出了"小鸟"》《不可能的任务》。

生：《到底难不难》《大胆的实验》《啊！成功了》。

师：《啊！成功了》，这个题目好。

生：《鸡蛋的故事》《鸡蛋要有安全感》《我和我的鸡蛋》。

生：《我——天才》。

（众生笑）

师：为了谨慎起见，我建议你在"天才"上加个——

生：双引号。

生：《鸡蛋的末日》。

师：我建议你在"鸡蛋的末日"后面加上一个问号："鸡蛋的末日？"

节录四

师：你们有想跟大家分享的好文章吗？

生：我的题目是《我——鸡蛋》。（读文）一天，我被主人塞进一座用海绵做的小房子里，憋得我透不过气来。

师：哪一句比较好？

生：透不过气来。（继续读文）房子外面套了一只塑料袋，系在一个降落伞下面。我想：该不会把我当作跳伞运动员，让我从几十米高的地方跳下去吧？哎，我还不想死呢。于是，我撞撞海绵，对小主人说："不要把我从高空摔下去。"

师：是"要求"小主人，还是"乞求"他？

生：是"恳求"。（继续读文）可小主人装作没听见。于是，我又喊："救人一命，胜造七级浮屠。如果你救我一命，我会让你升到八级浮屠的。"

（众生笑）

生：可是，我喊来喊去，就是没有用。

生：我的题目是《鸡蛋实验之失败》。（读文）摔鸡蛋实验，其实很简单，至少开始我是这么认为的。不就是把熟鸡蛋从四楼摔下，让蛋壳不破吗？晚饭以后，我就开始做了。在做以前，我特意看了一下表，是8点，估计1小时后能做完。可是时间过得很慢，不到半个小时，被一团报纸包着的鸡蛋便被我从四楼摔了下去。"喀嚓"一声，告诉我答案：失败也。

师：喀嚓一声，告诉我答案，她用了一个"失败也"，很浅近，很诙谐。

生：（继续读）我急匆匆地跑下楼，找了半天，才找到鸡蛋。一看，四分五裂。只能将其剥了壳吃进了肚子里。我终于发现，这个任务原来这么难，说它是一个不可能的任务，也不夸张。只好再煮一个试试。

观课悟道

近年来，张化万老师大力倡导"新体系作文"，希望为学生的自主写作提供有利条件和广阔空间，减少对学生写作的束缚，鼓励自由表达和有创意的表达。这一点，在他的习作课《摔鸡蛋的学问》中得到了印证。

一、课前活动——设计精妙，带来有趣体验

张化万老师说，玩是儿童最基本的生理、心理需求，是儿童的特权、天性；玩是儿童认识生活和世界的重要方法；玩是儿童主要的实践和创造平台；玩是儿童和伙伴交往沟通的主要手段，也是建立信任的主要渠道。如何在教学中让"玩"为教学服务，既保留玩的吸引力、趣味，又能在玩中学有所获，发挥玩的价值？张老师的这堂课为我们提供了一个思路。

张老师在课前给学生布置了一个任务：把鸡蛋从四楼摔下去，有什么办法能让鸡蛋壳不破。这个课前活动设计得相当精妙。大家都知道鸡蛋是易碎的，把这个非常易碎的鸡蛋从四楼的高度摔下去，还要鸡蛋壳不破，这个课前活动设计勾起了学生十分强烈的探究兴趣。这个任务学生能完成吗？他们会怎么完成呢？会找怎样的可利用的材料？会与伙伴合作吗？他们完成得怎么样？这些，似乎也勾起了我们的好奇心。

我相信在这样的任务驱动下，孩子们一定会充满激情，脑洞大开，想方设法地去完成任务。而正因为如此，他们也会从中获得一段状况百出、惊奇又刺激的活动体验。这体验中有失败，有成功，有曲折，有智慧，且因人、因环境、因材料而异，也就是说，他们通过这个课前活动，拥有了一段属于自己的独特体验。我想这就是张化万老师送给学生的习作"礼

物"。试想，有了这样印象深刻的经历作为素材，学生习作时还愁搜肠刮肚也没话写吗？老师还愁学生写出来的文章"千人一面"吗？

这也帮助学生建构了极其真实的思维背景，使得本节课的习作教学有了思维的根基和依托。由此可见，此课前设计之精妙，其对于这节习作课、对于学生的习作学习意义非凡。

二、课中谈话——激活记忆，抓住独特感受

有这样丰富的体验做基础，学生正处于不吐不快的状态之中，有太多的经历要说，有太多的感受要抒发，表达的动机就出现了。但正因为经历和感受太过丰富，所以，写什么，成了张老师接下来要讲解的内容。

写什么？写自己的独特感受。

张老师通过谈话提问，激活学生的记忆。从听到任务的最初感受，到完成实验之后的感受，再到活动过程中采用的方法等都聚焦在"感受""方法"上，要知道每个人的感受都是不一样的，采用的方法也是不一样的。这些不一样，就是学生的独特感受。随着师生之间谈话的深入，学生有成功的体验就谈成功，有遗憾就说遗憾，气氛活跃起来了，学生的课前感受被有针对性地激活了。在这样的情境中，学生不但能叙述实验是怎样完成的，还能有理有据地说出为什么要这样做，这为第一次片段写作打下了基础。

怎么写？写自己最有把握、最想写的片段。

课中"自主拟题"环节就是鼓励学生抓住独特感受，进行个性表达的铺垫。在张老师的指导下，"自主拟题"过程中学生的题目呈现出鲜明的个性，最终，学生在这一环节中贡献了超过20个颇具个性的题目。其实拟题目的过程就是他们对自己印象最深刻的经历和感受进行概括与总结的过程，这些颇具个性的题目的出现，也意味着他们确定了自己文章的基调，给这篇习作定了一个标准，这个标准就是他们选择习作内容和表达方式的标准。

三、片段习作——写评结合，训练层层推进

张老师的课堂上，有写有评，习作训练层层递进。

首先是写。张老师在课上安排了两次"片段写作"，看似重复，却暗藏

玄机：第一次"片段写作"，是先谈话，再抓住一个点写作，要求把内容写具体，写出真情实感；第二次，先拟题，再根据大家拟的题来写作，写自己最有把握、最想写的内容，要求写具体，写学生看到的、听到的、想到的、说的、做的。两次片段写作都是抓住自己最想写的一个点来进行写作训练，但两次片段写作的目标和层次是不一样的。第一次片段写作，先谈话再写，谈话内容是开头、过程和结果的感受，那么学生在写作过程中抓的就是文章结构上最想写的点；第二次片段写作，是先拟题再写，拟题是文章基调的奠定，那么这里学生抓的就是内容选择时的标准。两次片段训练是一步一步深化的。

　　然后是评。我们来看看两次写作之后的评改，同样体现出变化。第一次片段写作完成后，由老师领着大家一起交流、修改；而第二次则直接由同学之间交换评改，然后课上交流。从自己修改习作，到与同学互评互改，学生在反复推敲中提高了自己语言文字表达的能力，在与他人分享习作中，收获快乐。这是从自我到超越自我的一次跨越。

　　张老师用学生课前活动带来的丰富感受，展开作文教学，给我们提供了一个将"学生玩的体验"变成"有价值的教学内容"的课堂实例，让我们看到了"活动"与习作教学相结合所产生的神奇反应，这个思路或许是我们习作教学探索方面的一条非常有价值的路子。

寓习作教学于扎实高效之中

——观贾志敏执教《谁动了松鼠的"奶酪"》

蒋淑玲

课堂节录

节录一

师：（板书：童话）黑板上有两个大大的字，谁会念？

（生读）

师：童，是童年；话，是说话。几乎所有人都是读着童话长大的。你读过哪些童话？（学生根据自己的实际读书情况汇报）

师：顾名思义，童话是写给孩子看的故事。大凡来说，童话有三个特点：第一，每一个童话都有一个生动有趣的故事；第二，每一个童话都有着鲜活的人物形象；第三，每一个童话都告诉我们一个做人的道理。

（出示课件：松鼠的图片）

师：这就是我们今天的主人公。看屏幕——松鼠。你了解松鼠的哪些方面？

生：松鼠长得小巧玲珑。

师：说出了他的样子。谁还想说？把话说得再长些。

（生发言）

师：接下来，请你用一个词来形容你眼中的松鼠。

生：聪明。

生：可爱。

师：松鼠在我们的眼中是那么的可爱、聪明，我们要不要保护它？

（生：要）这就是我们今天认识的主人公，我们来写写它好不好？来，拿起笔。

（师把每个句子读两遍，学生开始书写。）

师：第一句："小松鼠一家忙着采集松果。"第二句："冬天快要到了，枯黄的树叶纷纷飘落下来。"第三句："仓库里堆满了小松鼠最爱吃的核桃。"第四句："'哈哈啊！'小松鼠高兴地说，'今年过冬，咱们不用愁了。'"

（每念一句，教师都请一位学生到黑板上写下来。学生写完后，教师订正黑板上学生书写的句子中的错误，并评价书写。）

师：谁来把第一句话读一读？

（生读）

（每一句教师都请学生朗读，并指导学生有感情地朗读。）

师：你们发现了吗？这段话乱七八糟的，咱们来整理一下，哪句是第一句，哪句是第二句。（教师请一位学生上台给句子重新排序）

答案：

（1）冬天快要到了，枯黄的树叶纷纷飘落下来。

（2）小松鼠一家忙着采集松果。

（3）仓库里堆满了小松鼠最爱吃的核桃。

（4）"哈哈啊！"小松鼠高兴地说，"今年过冬，咱们不用愁了。"

师：哪位同学把这四句话一起读下来？

（生有感情地朗读）

师：现在，我擦掉一句，（擦掉第一句）谁再来把这四句话读下来？

（生读）

师：再擦掉一句，谁再来读读这四句话？

（生读）

（依此类推，直到把这四句话全都擦掉，请学生背出这四句话。）

节录二

师：下面是一段话，先听老师读两遍。先不写，等老师读完后，再写。

师：一天早上，小松鼠来到仓库，想吃几颗核桃。然而，它来到仓库一看，仓库里一个核桃都不见了。它连滚带爬地喊起来："不好了！不好了！仓库里的核桃全被偷走了！"

[教师读完两遍后，学生开始书写。在学生写的过程中，教师提醒学生注意写字姿势。学生写完后，教师请学生看大屏幕（松鼠图），再读黑板上的"童话"两个字。]

师：童话！猜猜看，小松鼠的核桃被谁偷走了？

生：小老鼠。

生：狐狸。

师：狐狸自从骗了乌鸦嘴里的肉后，现在一有坏事，大家就会自然而然地想到他了。

生：我觉得是，有一天贾老师爬上树想看看树洞里有什么，看见有几个核桃，就顺手拿下来了。（学生和贾老师哈哈大笑）

师：这不是童话，是真实的事情！记得那是2007年，在景山公园，有一群野生的松鼠，他们准备过冬的核桃的确被偷走了。谁偷的呢？不是你，不是老师，而是游客！这是一件真事儿。当时报纸都报道了。

（教师出示报纸上有关的文章：《小松鼠过冬的核桃被游客偷走了》《朋友，你动了小松鼠的核桃吗？》……）

师：猜猜，小松鼠的结局会是怎样的？

生：死。

师：再猜。

生：到朋友家去过冬。

生：报复。

师：到人类那里去偷。

……

（期间，学生有争执，但老师没有评论谁对谁错，同时，教师做动作，引导学生联想可能人类后悔了等结局。）

师：好了，现在，有了开头，有了结局。请你根据情节，想象一下，他们是怎么侦破这个案子的。可以请福尔摩斯，可以请公安局……同时呢，你还可以写写小松鼠知道后的气愤，以及报复等。给大家40分钟的时间，去写一写。别忘了，给文章起个题目。

（生进行书写）

节录三

教师提前在黑板上写了一段话：

文章不厌百回改

我最喜欢的老鸭汤搬上来了，妈妈扯下两条腿，一条放在我的碗里，另一条放在奶奶的碗里。

师：作文写好后，先不要交给老师，先交给自己。为什么呢？请同学们读读黑板上的话。

生：（读）文章不厌百回改！

师："改"修辞，包括标点，字词等。上面的一段话，请大家读读。

师：这段话是同学写的。里面至少有六个地方需要修改。

（生读并作汇报）

生：两条腿，不知是什么腿？

师：怎么改？

生：添上"鸭"。

生："我最喜欢的老鸭汤搬上来了"中的"搬"应改为"端"。

（教师做动作，学生辨析"搬""端"。）

生：在"我最喜欢"后面添上"喝"。

生：第一句话后面应该改为句号。

师：我读了这段话后，对这家人产生了看法，没大没小。你看出来了吗？

生：应该先把鸭腿放到奶奶的碗里。

师：先敬老，再顾小。

师：还有一个地方可改，可不改，改了更好。哪个字？（师圈出"放"）两个放，重复，怎么改？

生：夹。

师：不好。

（师拿橡皮做动作引导学生）

生：按。

师：好！

师：现在，六个地方都改了，我请两位同学读读。一位读修改前的文章，另一位读修改后的文章。

（生读）

师：你看，这么一来，意思就清楚多了。

师：文章还需要一个好题目。大家改改文章，改改题目。

（学生自由修改作文。教师在黑板上重新板书"经典童话"四字和1—20的数字。学生修改完毕后，教师请学生读"经典童话"四字。）

师：经典童话就是流传最广、影响最深的童话。请两位同学上台，一位提醒，另一位为该童话写十个标题。（两位同学上台）

师：你给文章起了个什么名字？

（生汇报，教师随机指导，并让学生把文章的题目写到11—20的数字序号后面。）

生：《谁偷了松鼠的核桃》。

生：《森林里的盗窃案》。

生：《松鼠的报复》。

生：《松鼠·核桃·人》。

……

（教师请其中三位同学拿着稿子到台前去，其他学生继续汇报。学生汇报完后，请上台的三位同学朗读自己的作文，师生合作，共同评改。）

师：奖励你们每人一个小核桃，不过不是那么好拿的。你要说几句话，说说心情，或是这个核桃要怎么用。

（学生积极发言）

师：（小结，并布置作业）回家后再继续修改，可以进行投稿。

贾志敏老师是一位非常和蔼可亲的老师，他的教学特点是寓想象力培养于教学之中、寓习惯培养于细节之中、寓自信心教育于评价之中。贾老师的教育理念是"有效果""有效率""有效益"，这堂习作课不但延续了他一贯的教学风格，也符合他"三有"的教育理念。

一、撰写童话——为学生搭建支架

写作童话对于学生来说是有一定难度的，贾老师先让学生了解童话的特点，还给学生搭建了童话的开头、起因和结局等支架，为学生降低了写作童话的难度，同时把案件的侦破过程这一最能给学生提供想象和发挥空间的环节留了下来。

贾老师的教学目的是想让学生写侦破这个案子的过程。"可以请福尔摩斯，可以请公安局"等，写侦破案子的过程给了学生很大的发挥空间。五年级的小学生充满了想象力，爱幻想也是其天性的表现，贾老师正是抓住了学生的这个特点。学生可以从自己的实际生活中挖掘故事情节，也可以从看过的视频、图片等资料中展开想象，甚至还可以通过阅读其他故事进行故事改编等，这不但增加了童话故事创作的趣味性和生动性，也使整个童话故事增添了离奇的效果。当然，学生的想象天马行空，稍不留神便会漫无边际。贾老师事先考虑到了这一点，给出了学生结果——"松鼠的核桃是为游客所盗"，还有"侦破"案件需要请"福尔摩斯""公安局"等在我们认知上具有侦破水平的人物或者相关的职能部门，适时地让学生的想象立足现实，控制在合理的范围内。

这样的教学设计体现了贾老师丰富的教学经验和教学智慧。

二、修改作文——错误材料悟方法

语文课程标准明确指出："重视引导学生在自我修改和相互修改的过程中提高写作能力。"也就是说，习作课上修改作文是必不可少的步骤。以往我们在评改学生作文时，一般是教师直接在学生的作文上修改错别字或者标点符号等。那么，贾老师又是如何指导学生更好地去修改作文的呢？

他先出示了一个有六个错误的句子，引导学生自主发现错误点。比如，学生读完句子后提出问题："两条腿，不知是什么腿？"这使学生领悟到一个名称表述要准确；又如"搬"应改为"端"，这是提醒学生动词使用要恰当；再如提示学生标点符号的使用是否正确，注意句子的顺序，避免词语的重复运用等。

叶圣陶先生说："教是为了不教。"贾老师通过这样一个错误的文段，让学生悟得修改的方法，短短几分钟，使学生领悟到修改要领：改什么，怎么改，为什么这样改。这样做充分地体现了学生的主体性。同时，这样悟出来的方法，才是学生自己的方法。贾老师此举真正达到了"教是为了不教"的境界。

三、能力提升——习作课上重听写

培养学生"听、说、读、写"能力是小学语文教学的主要任务，对于提高学生的文字表达能力、培养学生基本的语言素养有着积极的意义。贾老师这堂习作课也着重突出语文的"听、说、读、写"这几个基本训练点。

首先，贾老师给学生读两遍内容，让学生根据读的内容写下来。这是在训练学生"写"的能力及速记能力。其次，贾老师继续对学生进行听写训练，但是这一遍不同，他要求学生听老师读两遍，先不写，等老师读完后，再写。这不仅锻炼了学生"听"的能力，也增加了学生速记的难度。再次，在揭示童话结局的环节，他设置了一个悬念——到底是谁偷走了松鼠的核桃？这个问题激发了学生"说"的欲望，此举训练了学生"说话"的能力。最后，当整个环节进入讲评学生几篇文章的时候，是学生最疲乏的时候，此时，贾老师用核桃奖励学生，并且鼓励学生说说自己的心情怎么样，核桃的奖励又激起了学生的发言兴趣。学生通过这个环节小结了自己本节课的收获，这个评价的设计无疑是非常适宜的。

一堂课下来，"听、说、读、写"这些语文最质朴的基本训练在潜移默化中渗透到了贾老师的习作教学中，使学生在好奇又有趣的课堂中，提升了语文素养。

他处学来终觉浅，要知写作须躬行

——观管建刚执教《我的同桌》

欧阳睿

节录一

（课件出示）

我快过生日了，爸爸带了许多零食和汉堡给我的同学，大家一起庆祝。这"魔鬼"再一次锁定了我的东西，整天对我十分好！东西吃完了，他又像没吃过这些零食一样，整天对我不理不睬！（梁梓豪）

师：梁梓豪，这话在你心里憋了很久了吧？下面还有，你读一下。

生：他总是记得自己什么时候给我们吃过东西，下次别人有，就要别人还。也没见他记住别人给他东西吃，他要报答。

师：我喜欢这段话，他把内心话写出来了。要知道要让所有同学看到这句话，梁梓豪，你还敢写吗？

生：不敢。（生笑）

师：我真希望你说：即使今天所有人都看到这句话，我还是要写下来。因为写作文，首先要勇敢。当年的鲁迅，人家要暗杀他，他照样写。梁梓豪，要勇敢地写作！在座的各位都要记住，写作首先要勇敢。不勇敢，你就写不出这样精彩的话。

（课件出示）

疯马一样，酷毙上篮；飞龙一般，夺命三分。

师：有节奏吧？再看——猫头鹰一样，勾手穿针。

师：有一个词要改，发现没有？

生："一样"这个词。

师：哪个"一样"？

生："飞龙一般"后面的"一般"改成"一样"。

师：如果只有"疯马一样，酷毙上篮；飞龙一般，夺命三分"，要不要改？

生：不要。

师：对。"一样""一般"，一个意思，这样用可避免重复。由于有第三句，有了两个"一样"，把"一般"换成"一样"，更有节奏感。

师：前面都是四个字，后面还有一句，一起念：猎豹一样，有万影的速度。

师：你能否将此句改成四个字？

生：猎豹一样，万影速度。

生：我觉得前面都是四个字，后面有一些不同，可以表达出一种效果，更加具体。

师：前面都是四个字，后面也是四个字，当然可以。但我认为，"大番薯"（小作者外号）（生笑）的感觉更好。"有万影的速度"，六个字，那叫——长短结合。长短结合的句子，读起来节奏感更棒。

（生读）

师：长短句结合，那叫写作文。单把意思写出来，那叫写作业。

（课件出示）

作为经历了三代"女妖"同桌的我，这次又遇上了个女同桌，我已经被前几任"魔鬼"同桌炼成了钢铁，对现在的女同桌无所畏惧。（陈星宇）

（生读）

师：尤其欣赏你的"女妖"同桌和"魔鬼"同桌。她真的是女妖吗？是魔鬼吗？不是。这叫表达的情趣。要做一个有情趣的人嘛！

（课件出示）

"伍大一，你完蛋了！看看你，作文就写这么一点！"邓老师庞大的身躯还没挤进我们的视野，声音就已经环绕着每个人。完了，真完了，我们无不悲壮地盯着伍大一。（邓莹）

（生读）

师：大家笑是在笑一个词：无不悲壮。有时候，你用好了一个词，一句死气沉沉的话就活了。这种表达，叫有趣，好玩。真正会写作文的人，会觉得写作文很好玩。

（课件出示）

小黄常对我们讲"打是亲，骂是爱"。他也常常"亲"我，"爱"我。每一次被表扬，他便兴奋地"亲"我；每一次被批评，他便悲伤地"爱"我。（霍建华）

（生读）

师：霍建华，写出这句话，你有没有轻微的得意感？同学们，写作文的幸福，不是老师给你一个好分数，而是像霍建华那样，一句话写完，自己心里生出了轻微的得意感：哎呀，我怎么这么有才，写出了这么好玩的句子！

节录二

师：刚才，大家欣赏了我寻找到的精彩句子。但我还寻找到一些讨厌的东西。

（课件出示）

所以，他的精神值得我们学习。
他在生活中不爱索取，只会奉献。
这就是郑思漫，她是我们的学习榜样。
郑思漫，你是我的榜样！我会认真努力地向你学习的……

师：这次作文是写一位同学。同学身上有不少优点值得你肯定、表扬

及学习。请你记住，写作文不是写文件。这些叫什么话呢？（板书：空话）

师：如果你觉得他乐于奉献、助人，是榜样，不要用"空话"去说，用他的故事去说，用他的行动去说。

（课件出示）

她长着一双可以杀死人的眼睛，一对可以说话的眉毛，一双可以偷听别人秘密的耳朵和一张可以吞下一头牛的嘴巴。（李玲跃《暴力倾向超高的女生》）

师：这段文字描写了她的眼睛、眉毛、耳朵和嘴巴，看题目，哪一个可以去掉？

生：眉毛。

师：其他的都能干坏事，就是其眉毛还好好的。

师：人的外貌，不要什么都写。和"某人"特点有关的，写；无关的，不写。另外，写人的作文，外貌可以写，也可以不写；可以多写，也可以少写。要看"外貌"是有用的，还是没用的。

（课件出示）

这学期，我们班转来了一位新同学，三角形的脑袋上有一丛"稻穗"，正立在头壳顶，眼睛炯炯有神，但不时呈现出几分犹豫，眼睛大得好比骆驼，长长的睫毛上有层厚厚的双眼皮。很多女生都非常羡慕他那睫毛和眼皮。

师：往下写，你认为该写什么？

生：睫毛和眼皮。

师：睫毛和眼皮怎么漂亮，女生怎么羡慕他的睫毛和眼皮。我也是这么想的，可他下面写的，与此完全不搭界。

（课件出示）

打篮球是他的强项。

师：外貌描写，和你下面所要写的故事、所写的人的特点，没有任何关联，那么，外貌描写得再多、再美，也没用。

（板书：“外貌”病）

师：我惊喜地发现，这次很多同学用了小标题。哪些同学用了？（许多学生举手）——你为什么用小标题？

生：用小标题可以写几件事，具体来表现写的内容和特点等。

师：起小标题，方便读的人，也方便自己写。

（课件出示）

《"蒲公英"到处飘》：（1）飘得绘声绘色；（2）飘得无影无踪；（3）飘得风驰电掣。

师：好！第一，好在用了"三"个小标题。第二，小标题字数相当。第三，三个标题之间有联系。你们看，小标题、题目中都有个"飘"字。写小标题，注意三点：联系、字数、三个。（板书）

师：再看下面一篇作文的小标题。

（课件出示）

《不服输的"巧克力"》：（1）球场上的他；（2）教室里的他；（3）挨批评的他。

师：题目的关键词是什么？

生：不服输。

师：关键词和小标题要有一定的联系，小标题怎么改？

（课件出示）

（1）球场上的"不服输"；（2）教室里的"不服输"（3）挨批评的"不服输"。

师：再看——

（课件出示）

《小康"轶事"》：（1）上午；（2）课堂；（3）下课；（4）晚上。

师：四个小标题，对应的故事是什么呢？

（课件出示）

上午——老师觉得他烦。

课堂——上课开小差。

下课——喜欢看课外书。

晚上——睡觉喜欢磨牙。

师：这一改，就跟题目建立了联系。

师：小标题要看表面的联系，更要看内在的联系。（板书：内在）

生：上午，老师觉得他烦；课堂，上课开小差；晚上，睡觉喜欢磨牙。这三个都写他的缺点，可以放在一起。

师：这三个是同类，有内在的联系。

师：写小标题，最重要的是"内在联系"。这样拟小标题，能一下子抓住读者。

观课悟道

管建刚老师以讲评课为作文教学的第一课型，倡导先写后教，以写定教，顺学而教，老师应该是学生作文的把脉人、处方人。本文以其作文讲评课《我的同桌》为例，试探管老师在指引学生写作时"棋高一着"的门道。

一、引学生写"自己的话"，个性表达

写作一直是老师、家长及学生的心病，而"不愿写，没话写"与"写出的内容大同小异"是所有中小学教师在作文教学中都绕不过去的一个难题。针对这一现象，管建刚老师在本课亮出了他的"药方"——倡导"作文教学首先要做的，不是作文训练，而是要有足够的敏感，帮助学生寻找属于他'自己的话'"。即帮助学生培养独立的语言系统，实现个性的文字表达。

如何帮助学生找到独属于自己的文字表达？管老师给了三个方向。第一，鼓励学生，勇敢写出自己内心的真实感受。从节录一孩子的回答中，

我们可知，孩子们在写作时，能真正将内心所思所感完全真实表达出来的很少。因为他们怕自己的真实想法得不到老师和同学的认可，更怕自己流露心迹真情，遭来异样的目光。孩子们之所以难以克服这种心理，很大部分源于老师们的评价导向。毕竟，并非所有真实想法都是正面、阳光、积极的。第二，引领学生找到自己的写作节奏，更好地服务于表情达意。第三，赞赏学生通过个性称谓（如"女妖""魔鬼"同桌），个性用词（"挤""无不悲壮"）等，写出了情趣、情调，从而让学生在写作中体验获得感和幸福感。写出自己最真实的感受，找到自己的写作节奏，用好个性称谓和个性辞藻，借助这三个方面，学生写出来的内容，就带上了强烈的个人色彩。长此以往地训练，学生必然能够建立起属于自己的语言系统。

每个人都渴望得到他人的欣赏与鼓励，尤其对接触写作不久、不深的学生来说，老师的认可远胜课本上鲜红的分数。在管老师的带领下，学生寻找"自己的话"，把玩"趣点""亮点"，点燃了创作欲望和激情，其心理得到充分满足后，自会愿写、乐写，继而能写、会写。管老师在此处展现的是一种开放、包容的心态，发现的眼光，我想正是他的这种评价导向，为学生创设了一种能够自由倾诉的习作氛围，也正是这种氛围，为学生形成自己的个性化文字表达创造了条件。

二、教学生号"自己的脉"，服"自己的药"

这是一堂作文讲评课，管老师以展示学生作文中出现的比较多的三种现象作为"病例"，现场予以"问诊""开方"。

针对学生习作，管老师用投影先后出具"空话病""外貌病""标题病"等相关病例，指出病症的具体特征，与此同时，管老师根据"病情"，顺势"下药"。如，针对不少学生的作文普遍存在言之无物的现象，即"空话病"，管老师开出"用他的故事去说，用他的行动去说"的"处方"。又如，如何成功刻画人物，避免眼睛、鼻子、嘴巴、耳朵等所有人体部位全写上的"外貌病"，管老师教会学生懂得取舍，跟文章要描写的人物特点及故事有关联的才写，其余不写。还如，拟写小标题要注意什么，管老师用"比""改"二字，引领学生发现问题，慢慢引导学生总结出两条基本规律：

拟制三个字数相等的小标题为宜和建立标题间的内在联系。

通过管老师展示的"病例"，学生根据其病例特征"号自己的脉"（发现自己的病症），"服自己的药"（修改自己的习作），对症下药，药到病除。平等的对话，智慧的引领，这样的"号脉""开方""服药"，会使学生受益终生。

先写后教，是告诉我们先了解学生的习作水平；以写定教，是告诉我们要善于归纳学生作文中常见的"病症"；顺学而教，是告诉我们要紧扣学生的学情，顺因病理，对症下药，这样的教才是有效的。只有在此基础上，我们方可有的放矢，做好学生学习过程中的问题的把脉人、处方人，管老师的这堂习作教学讲评课，给我们作了非常精彩的示范。

看得见的习作教学

——观郑桂华执教《描写的奥秘》

杨华秀

节录一

师：（指一幅画）看到这幅画了吗？我请三位同学到黑板上来写。其他同学在纸上写，我要看你们到底会不会描写，描写得怎么样。写一句话、两句话都可以。好，开始！

（生写）

师：我们来看黑板，左边第一位同学，请把你的作品读给大家听。

生：画面上有一个湖，在水里，有两只小鸭子游来游去地在玩耍。

师：第二位同学。

生：在清澈的水中，有两只可爱的小鸭子，他们你追我赶地嬉戏。

师：第三位同学。

生：在清澈的水面上，两只淡黄色的小鸭子在自由自在地游着，他们看上去很悠闲。

……

（其他同学发言）

生：在平静的水面上有两只小鸭子，它们全身有细细的绒毛和灰白相间的花纹，它们追来追去，像两个无忧无虑的孩子在嬉闹。

师：你来把它写到黑板上，好文章要共享。（该生上讲台写）其他同学思考，他的描写好在哪里呢？好，（指一生）请你来说说看。

生：他运用了比喻和拟人的修辞方法。

师：为什么用比喻、拟人就好呢？

生：更生动。

师：好，比喻和拟人使文章生动。请坐！请另一位同学再来说说。

生：他写得很生动很形象，写的小鸭子很活泼。

师：好的，从效果上讲是生动形象、活泼可爱。你们的感觉非常好。同学们，我们刚才发现了描写对象——鸭子和水，又看到了它们的特征：鸭子，是灰白相间的长着细细的绒毛的鸭子，而且是游来游去，在嬉戏；水呢，是清澈的水，平静的水。有人还感觉到它像什么，用了比喻。这样一来，你们觉得这段描写怎么样？

生：精彩。

节录二

师：这段描写就合格了，甚至说是比较精彩了。好，现在，我们来总结一下：首先，描写是什么呢？描写就是把你看到的东西，一个人，一件物品，或一个场景告诉一些没有看到的人。那么，如果你要告诉我们你看到的一样东西，首先你会告诉我们什么？肯定要告诉我们"那里有什么"。（板书：有什么）这幅画面上有什么？刚才几位同学已经告诉我们了——

生：有鸭子，有水。

师：仅仅告诉我们有什么当然还不够，我们还想知道它们的特征、动作、细节，也就是要告诉我们"它们怎么样"。（板书：怎么样）刚才几位同学也告诉我们了，鸭子怎么样，水怎么样，对吧？但是，有时候，我们感觉这样还不够，还需要告诉我们"它们像什么"。（板书：像什么）你看，有了这三条，他的描写就不一样了，是不是？"有什么"使我们明白描写的对象，"怎么样"使描写具体起来，而"像什么"使描写变得形象起来。这三条原则，明白了吗？

生：明白了。

师：好，现在我们就用这三条原则，来检验你刚才的描写，看看你的描写还缺了什么，哪个地方还可以更好一点。当然你也可以给别人改，改好以后，我们再来交流。

（学生修改，交流。）

生：水平如镜的湖水中，有两只天真活泼的小鸭子，就像两只小毛球浮在一块大玻璃上。

生：平静的水面没有一丝波纹，两只小鸭子优哉游哉地游着，像一对小姐妹在漫步。

生：两只小鸭子在碧绿的水中悠闲地游玩，像天鹅湖里的一对小天鹅。

师：意境很美，我看一些作家的描写也不过如此吧。对于这些描写，大家有什么看法？

生：我觉得他（指黑板上）说"追来追去"不对，因为画里的水没有波动。

师：（面对全体同学）他讲得有道理吗？

生：有！

师：对，相当有道理，他其实谈到了一个重要问题，就是我们描写怎么样、像什么时，必须有一个前提，要尊重什么？

生：事实。

师：首先要注意确有其事，不能想当然，它有什么，是怎么回事，我们都要把它还原。好，同学们能不能试着改改看？

生：说"漫步"不太合适。

生："欢快"也看不出。

师：对，这几个词需要调整一下。那么"可爱的孩子"可不可以追闹？

生：可以。

生："碧绿"不太好。

师：我们写一下。（板书：碧绿）那可以用什么词替换呢？

生：改成"蔚蓝色"。

师：（板书：蔚蓝）"蔚蓝"常用来形容水色，是吧？还有其他的词吗？关于湖水，有好几位同学用了"平静的""宁静的"。（板书：平静的、宁静的）

生：柔柔的。

节录三

师："柔柔的"，好。请问，我为什么把这几个词写到黑板上让大家关注呢？（"清澈的""碧绿的""蔚蓝的""平静的""柔柔的"）

生：角度。

师：这几个词使描写的角度——

生：增多了。

师：本来我们只用了"清澈"，它是指水的透明度，"碧绿的""蔚蓝的"是水的颜色，"平静的""柔柔的"呢，是水的形态、质地、感觉。那么，讲到这里，我们是不是受到一种启示，怎样才能使描写更具体一些呢？我们用"清澈的""碧绿的""蔚蓝的""平静的""柔柔的"，是不是更具体点了？那么，哪位同学可以把我刚才的意思用一句话概括出来，告诉大家这样写会更好？好，这位同学来试一下。我们在形容事物的时候，在讲对象的特征的时候，可以怎么样？

生：不同。

师：也就是，从——

生：多方面。

师：非常好。（板书：多方面）如果我们能从多个角度、多个方面来描写和形容事物，是不是就具体些了？课文中有没有这样的例子？还记得朱自清的《春》里面描写小草的句子吗？"小草偷偷地从土里钻出来……"

生：（齐背）嫩嫩的，绿绿的。园子里，田野里，瞧去，一大片一大片满是的。

师：有多少个角度？"偷偷地从土里钻出来"，这是它的情态，是第一个角度；"嫩嫩的"，质地，是第二个角度；"绿绿的"，颜色，是第三个角度；"一大片一大片"，数量，是第四个角度。朱自清的写法我们也能学一学，是不是？

生：是。

师：现在我们来归纳一下。

（课件出示）

"有什么"是叙述，它所起到的作用是把事物叙述准确。

"怎么样"是刻画、描摹，它所起的作用是"清楚、细致"。最好从多个方面，多个角度来写。

"像什么"是比喻，它的作用是使事物描写生动形象。

师：这些就是描写的奥秘，简单吧？

生：简单。

师：（出示风车的画面）现在我们就以这幅画为描写对象，把我们刚刚学到的一些办法用上。我不要求同学到黑板上来写，不过待会儿我会把几位同学写的收上来，请他们念给我们听，请大家来评论。时间三到四分钟。开始吧。

（生写作，教师巡视课堂。）

师：有几位举手的同学都已经回答过问题了，有没有其他人？好，靠近墙角的那位同学，你来试一下吧。读得响亮一点，大家要好好听。

生：清晨，在宁静美丽的湖边，挺立了许多风车，他们张着巨人般的手臂，像是在迎接远方的客人。

师：怎么样？你们觉得精彩吗？

生：精彩。

师：请坐。他写到了时间，写出了一种感觉。

生：在辽阔的平原的河边，有一排像巨人般的风车。微风轻轻地吹来，风车慢慢地挥动着他那巨大的手臂，好像要翩翩起舞的样子。

师：请坐。大家对风车的描写还有没有跟这两位同学不一样的？来，念给我们听听。

生：在一望无际的草原的尽头，有一条平静的小河，小河旁边竖立着一排古老的风车。他们的手臂迎风舞动，好似一个个强壮的武士在保卫着家乡，又像一排迎客松在迎接贵宾。

师：请坐。他用了两个比喻。大家记下来。还有没有人写的比他好？

生：这是一个遥远的国度，一个人间乐园，辽阔的草原一眼望不到边。

灰暗的天空下，寂静的小河边，有一排风车。他们静静地伫立在那里不知过了多少年，这里没有一个人的影子。没有机器的声响，红瓦的颜色淡了，曾经挥舞过的手臂也不再那么有力了，只有大自然的神韵依旧，在夕阳晨风里孤独的风车，在诉说着一个个古老的传说。

观课悟道

在习作教学研究中，上海师范大学郑桂华教授主张过程指导具体化，给学生切实的帮助。其执教的《描写的奥秘》课例，我们看得见学生的习作水平有了明显提升，秘妙何在？

一、在动态中生成——跟着学生走

著名特级教师贾志敏曾说，教案是预设的，是教师在上课前的"一厢情愿"。而在课堂教学时会由于教学对象等因素不同出现许多意想不到的情况，这就要求教师紧扣学情，灵活变化。这样的课生成的内容最为精彩。

郑老师这节习作课就是一堂动态生成的精彩的课。课堂由学生看图写话开始，她发现大部分学生只是简单地叙述，于是在学生分享自己的习作片段时，她灵机一动，抓住一个写得生动的片段让学生书写在黑板上。其他学生一对比就发现，原来运用比喻和拟人的修辞可以让描写更生动。此处不可谓不精彩！节录二中，郑老师展示学生修改后的片段时，有学生提出"我觉得他（指黑板上）说'追来追去'不对，因为画里的水没有波动"。这一"节外生枝"被郑老师机灵捕捉，从而使学生明白，把事物描写得生动形象可以运用修辞和想象，但有一个前提：尊重事实。跟着学生走，课堂生成层出不穷。比如描写主体对象的辨别、描写的详略、形容词的准确运用等等，可谓精彩纷呈，欣喜不断。

二、在具体中指导——跟着原则走

习作教学中选材、立意的套路，学生早已耳熟能详。抽象讲解、笼统要求，又是不少教师常见的做法。可见习作"进行时"，我们缺乏具体、明确、可操作的指导。

什么是描写？怎么描写？学生犯难。节录一中郑老师慢慢梳理出"描写三原则"：有什么？怎么样？像什么？于困惑处有效介入，将习作指导具体化。"有什么"就是让学生明确描写的对象，"怎么样"就是让学生将描写对象写具体，"像什么"就是要把句子写得生动形象。所以，在节录二中，学生对照"描写三原则"来修改自己初写的片段，就能有的放矢，顺理成章。习作教学之所以让学生犯难，就在于缺少具体、可操作的过程指导。而郑老师在学生遇到习作困惑的过程中，由细处入手，梳理出描写的三原则——"有什么""怎么样""像什么"，非常形象地给了学生看得见、摸得着的指导，学生写作起来也就得心应手。

三、在方法下训练——跟着角度走

众所周知，授之以鱼不如授之以渔。习作教学也是有章可循，有法可依的。在节录三中，郑老师引导学生将几个描绘湖水的形容词"清澈的""碧绿的""平静的"进行对比，由此学生发现，虽然这几个词都是描写湖面的，但是描写的角度却各不相同。"清澈的"是描写湖水的透明度，"碧绿的"是描写水的颜色，"平静的"是描写水的形态。学生发现原来还可以从"多个角度"来形容和描写事物。得出了方法，及时运用，才真正将习作指导落到实处。节录中均可见方法、训练巧结合，层层推进、步步落实。为此，学生由课前不会描写到课后精彩描写风车图也就水到渠成。

在动态中生成，紧扣学情；在具体中指导，及时解惑；在方法下训练，细处入手。在这堂课中，郑老师把学生的困难看得清清楚楚，给学生的指导实实在在，教学生的方法明明白白。她把"无形"的习作教学，教出了"有形"的质感，为我们的习作教学作了很好的示范。

看似寻常处，回归见奇崛

——观袁源执教《于寻常处见精神》

王 懿

节录一

师：这几天我在看今年高考作文的佳作，随手翻了十篇之后，我发现这样一个特点：十篇里写我们身边的现实生活的大约就只有两篇。写来写去，还是陶渊明、李白、苏轼，要么就是项羽、韩信这些。我就想了，咱们平时写作文为什么不愿意写身边的生活呢？我来采访一下。

生：也许我们不太善于发现吧。

师：不善于发现我们生活中的美，缺少发现美的眼睛。其实除了缺少发现美的眼睛，更多的时候是看到以后没去想。（生点头）那今天我们就对身边的寻常生活来作一番沉思，看它是不是如我们所讲的那么枯燥乏味，那么平淡无奇。我们现在每位同学手上都拿着一支笔，我们就从这支笔说起。

（展示图片）

师：这支笔，我们天天用，是最寻常的文具。看着它想想：除了是我学习的好帮手，我还能有哪些感悟？用一句话概括。

（学生沉思，书写。）

师：我们按座位顺序来说。

生：笔是记录感情和日常生活感受的一种工具，也是你在寂寞的时候最知心的朋友。

师：你能不能解释一下？

生：我曾经听过一个故事，鲁滨逊在荒岛上的时候，他最渴望的是有一支笔，如果没有笔他会觉得很乏味，这支笔可能就是他在困境中的精神支撑。

生：我看到铅笔就想到了，它是怎么制造出来的，看到它我还想到了中国的环境。

师：很有意思。铅笔跟环境联系到一起，非常好！

生：同样的笔不同的笔芯写出来的字就不同，就像同样的躯壳不同的灵魂活出来的人生就不同。（自发的热烈的掌声）

师：非常精彩！

生：我们的笔可以记录生活中的点点滴滴，我们可以去记录生活，回忆生活，品味生活。

生：我觉得笔是很脆弱的，就像屏幕上的铅笔，它轻轻掉在地上，就可能要等着再次利用，像我们手上的有芯笔，它可能因为一个小小的笔珠掉落就再也没有办法使用。

师：由此可以想到什么呢？你为什么从笔身上想到"脆弱"呢？

生：我觉的，我们做事不能像这支笔一样轻易地放弃。

生：笔有不同的款式，随着时代的发展，笔的设计越来越精巧，越来越有人性化，可以看出，社会在不断地进步，不断地满足人们的需求。

师：透过一支笔，看到了社会的变化。

生：笔戴上它的帽子就不能工作了，人戴上帽子就不能正常发挥了。（众笑）

师：真有哲理！还有没有同学有别的不一样的想法？

生：我的笔就像是我的另外一张嘴。

师：你是对你手里的笔有了感情是吧？（生点头）

师：刚刚我顺着走了一圈，发现每位同学都有了与寻常认识不同的见解。大家想想看，在这个较短的时间内，我们为什么会出现了不一样的认识？我们平时没有去想这个寻常的事物，可是我们现在用一个专门的时间来想它之后，为什么就会出现不一样的新的感悟了呢？我们去回忆同学们所想的，帮他们推究一下，看他们是如何想到的。也可以说说你自己是怎么想到的。

生：我们平时没有想到，是因为我们平时没有留心它，没有去想。我们现在有一段时间去想它了，站在它的立场去思考了，所以就得到了平时没有的想法。

师：也就是给寻常生活留点时间，去思考它，对不对？

生：我们在思考的时候，笔不再是单单的一支笔，它可以作为一个本体，而后我们用各种各样的喻体来赋予它不同的情感及我们的思考。

师：可以把笔当作一个本体，我们来说个喻体。请你举个例子。

生：老师就像铅笔一样，越来越短……

师：老师越来越简短，但是我相信在同学的那张纸上留下的痕迹就越来越深长。谢谢你。

师：她刚才给我们提供了一个思路，我们要想对一个寻常的事物有不一样的发现，可以去作联想。把一个事物同另一个事物联系起来，我们会有新的发现。那还有什么办法可以得到新发现呢？

生：仔细地观察。

师：刚才有同学说到笔和笔帽，还有笔和橡皮，笔和纸，把它们放在一起可以作比较。比如，说说笔和橡皮。

生：笔是建设者，橡皮是破坏者。

生：橡皮可以擦去笔写出的字，却擦不去笔留下的痕迹。

师：我们看到事物，除了联想和比较，其实还可以多问一问。我们想要得到更深刻的思考，可以多问几个为什么。比如，为什么会有笔？它到底为我们的生活创造了什么？……

生：用笔表达的生活与情感，可以在传阅中增加人与人之间的交流与沟通。

生：笔记录下的生活，在我们回头去看的时候，让我们感到温馨和充实。

生：它是我们倾诉的工具。

生：人类对知识的认识是从很小的笔开始的，它是人类知识的一个起始点。

师：也许人类开始没有笔，只是拿树枝在地上、沙上涂画，然后我们才有了笔，那支原始的笔就开始去记录、传递我们的思想。因为有笔，很多精神、文化一直到今天还能够滋养我们。

节录二

师：带着这支"笔"走进我们的学习生活。老师给大家带来了一个小小的课堂镜头。（展示语段：语文老师正在有滋有味地讲解着课文，台下一片寂静。忽然，窗外传来嘹亮的哨音。接着是一阵加油助威的喧哗。语文老师边讲课边踱到门边，把门关上。关门的震动惊了门边的同学，这位门边的同学把抽屉里的杂志轻轻地推了进去，然后坐直了腰看着黑板。）对这样一个镜头，你有什么思考？我们来给它命个名吧。写下带着你的感悟的一个小题目。

生：寂静和震动。

生：语文课的小插曲。

生：课堂交响曲。

生：独特的认真。

生：课堂内外。

生：面。

生：我也写了一个字——"惊"。

师：有的同学写的是事儿，有的同学对这件事儿有了想法。那我们来评判一下，哪个好，或者你觉得你自己的好，好在哪儿。

生："惊"好。

师：那就请命名的同学来说说为什么取这个字。

生：因为课堂上，哨音惊动了老师，老师的关门声又惊动了门边的学生。

师：你用这个字想表达自己对这件事的什么想法呢？

生：（取名"惊"）一件小事又引起了另一件事，就像"蝴蝶"效应。

生：（取名"课堂交响曲"）这个课堂上各种声音交织，给人很特别很多元的感觉。

师：你喜欢这样的课堂吗？

生："台下一片寂静"，我觉得活跃一点的课堂可能更好吧。

师：那门边的同学的做法可取吗？

生：不可取。

师：他为什么这么做？

生：也许是他对课堂不感兴趣，也有可能是老师讲的没意思。

（学生热烈讨论课堂看杂志的问题）

师：课堂上的小现象，我们可以多去思考，多一些追问。我们身边的事值得分析，我们身边的人也是。我们继续来看这个故事里的人。

（课件出示）

这个门边的同学叫小刚。他学习不怎么好，不过，他球踢得很好。有一阵我常与他切磋。老师委婉地劝诫我："近朱者赤，近墨者黑。像你这样的好学生，最好不要跟小刚交朋友。"父母也严厉地警告我："物以类聚，人以群分，你跟他混在一起，就甭想考大学了。"

师：那我们是怎么想小刚的呢？来说说。说自己的真心话。

生：小刚有他的缺点也有他的优点，我跟他在一起可以互相促进。

生：大家都只想跟学习好的在一起玩，那大家哪里还有朋友呢？

生：每个人都有值得学习的地方，孔子也说过"三人行，必有我师焉"，不管是怎样的人，都不能戴着有色眼镜去看人家。

生：父母和老师以成绩的好坏作为能不能做朋友的标准，这是中国教育的弊端。以成绩作为判定的唯一标准，这是非常不对的。即使成绩差，他也有值得我学习的地方。

生：成绩不好的人未必人品也不好，与成绩不好的人交往未必成绩也变差。21世纪，学习未必是唯一的出路。小刚足球踢得好，中国需要足球人才，他可以发展自己的特长，还是可以作出自己的贡献的。

师：在这件事情上我们都有自己的认识了。我们再与同学商量讨论一下，看还没有新的看法。

（学生分组交流）

生：老师的劝诫，是没有看到小刚的优点。每个学生都很优秀，老师让我们去孤立小刚，这对他非常不好。父母也应该思考一下自己的教育方式。

……

师：（小结）生活虽然很寻常，但我们认真思考就会有收获。如果我们"巧联善比勤追问"，就能"于寻常处见精神"。

观课悟道

袁源老师的作文课《于寻常处见精神》，从课程资源与教法上看似寻常，却显奇崛，一切皆由"回归"而来，回归到作文的本原上来。

一、以学情为起点，在"生成"中回归

学生主体地位的体现是现代课堂教学的重要标志，学生的学情是教学的起点，但常被很多老师忽略。袁老师这节课在如何尊重学生学情上给了我们很好的示范。那么如何判断学情呢？袁老师先把问题抛给学生，让学生写，让学生说。接下来根据学生回答的情况，引导学生探究出"联想、比较、追问"的方法，表达对物、事、人的看法。课堂中教师始终以平等尊重的态度，营造出宽松、和谐、自由、开放的课堂氛围，让学生广泛参与、深度探究，不断生成更深入的思考。

二、以生活为内容，在"真实"中回归

对学生来说，"写什么"比"如何写"重要，写真实的生活比编造容易。因此，帮助学生调动起生活积累，激活学生作文的思路，应是作文课堂教学的重点。当学生思如泉涌，内容的丰盈也必然带来表达的飘逸、形式的创新。让作文教学内容回归生活，从真实出发，也契合叶圣陶先生"文章必须从真实生活里产生出来"的教育思想。袁老师智慧地从学生的现实生活中取材，手中的笔，课堂上看杂志的同学，老师、父母的告诫，都是寻常物、寻常人、寻常事，这些贴近学生、来源生活的素材能一下子唤醒学

生的生活体验，触发学生的认知、情感和思想，激起其不吐不快的表达欲求。袁老师不是让学生观察生活、再现生活，而是让学生说"自己的真心话"，引领学生用真心真情在普通的事物中感悟动人的美，在平淡的生活中发掘情趣意味，在熟悉的情境中，体悟真实的生活，真实的思想，真实的自己。

三、以思考为主线，在"成长"中回归

作文不是照搬生活。一篇篇文字的背后是一个个鲜活的少年，文字的力量和温度也少不了思想的照耀、情感的滋润。作文课需要沉思出多一些感悟，在沉思中成长。这堂课从学生"为什么不愿写自己的生活"引发反思，从对"笔"的体悟中一路生长。有什么办法可以得到新发现呢？活跃的课堂是什么样的？怎么看待语文课上学生看杂志的现象？能不能和成绩差的同学交朋友？老师、父母的教导一定对吗？一次次思考，领着学生穿越生活的表层，探究掩藏在生活寻常处的真实跳动的生命情感和人生态度，引领学生一起叩问与追求人性的温暖与感动，矛盾与纠结……在"联想、比较、追问"中，一次次交流听取，一回回思考感悟，见解更深远，表达更准确，认识更辩证，学生们加深了对人、事、物及其关系的思考和认识，思想在观点碰撞中成熟，人格在情境体验中完善。在思考的过程中，学生获得思维成长，情感升腾，审美与价值观拔节。

第六辑 整本书阅读及其他

始于阅读，终于行动

——观王文丽执教《整本书阅读：〈星期天的巨人〉》

张安平

课堂节录

节录一

（上课，师生相互问好，交流最近读的课外书。）

师：从同学们的交流中，我知道大家读了很多书。今天我想给你们推荐的是我最近在读的一类书，它们都和这个词语有关系。（板书：巨人）你们觉得什么样的人可以称为"巨人"？

生：巨人就是那种长得特别高的人。

师：是的。（板书：高大的人）那么你在哪些书里见过"巨人"呢？

生：我读过《巨人的花园》。

师：对，我们四年级的课本里就有，还记得讲的是什么故事吗？

（生结合教师出示的课件，简述故事。）

师：还读过其他跟巨人有关的书吗？

生：我读过一本《格列佛游记》，那里面也有一个巨人。

师：哦，非常好！那这本《好心眼儿巨人》读过吗？（有三位同学表示读过）请一位同学到前面来，和老师一起给大家介绍这本书。（师生互动介绍，故意留下结尾。）还是你们自己去读吧！

（课件出示第三本《孤独的巨人》的故事梗概，学生默读，结尾又设置悬念。）

师：（课件出示第四本《巨人三传》）这本书讲述的是贝多芬、米开朗基罗、托尔斯泰三位巨人的一生。你对他们有了解吗？那这本书说他们三个是巨人，是说他们个子都特别高吗？

生：是说他们特别有名。

师：有名的人就可以称为"巨人"吗？那王俊凯、岳云鹏也很有名，能把他们称为"巨人"吗？

生：不能，得是那种作出过很大贡献的人才能称为巨人。

师：是的，为人类社会作出过突出贡献的人才可能被称为巨人，也就是伟大的人。（板书：伟大的人）

师：（指板书带领学生回顾、小结）刚刚我们一起浏览了四本书的梗概，从而了解到"巨人"既可以指"身材高大的人"，也可以指"成就伟大的人"。那么今天王老师给大家带来了一本书——《星期天的巨人》，这里面的巨人指的又是怎样的人呢？让我们一起走进这本书。

节录二

师：（出示书的封面）这本书是以第一人称的口吻来写的，"我"叫马克斯。封面上的这个人叫乔纳森，是"我"爸爸的弟弟，也就是——

生："我"的叔叔。

师：为什么马克斯会把乔纳森叔叔称为巨人呢？让我们带着这个疑问走进这本书。先来听听"我"爸爸对他这个弟弟的介绍，你从介绍中可以看出乔纳森是个怎样的人。

（课件滚动出示文字，学生默读后回答问题。）

师：谁来说说乔纳森给你留下了怎样的印象？

生：他是个不安分的人。

……

师：你们说的这些符合巨人的特征吗？

（生疑惑地摇头）

师：那为什么作者把他称作巨人呢？让我们带着这个疑问继续阅读。"一个星期天，乔纳森叔叔来我家串门了，他给我带来了一份礼物……"

（课件滚动出示文字，学生默读。）

师：面对这样一份礼物，"我"和爸爸的态度有什么不一样？为什么？

生："我"很感动，很开心，爸爸气急败坏。

生：爸爸不高兴是因为他认为"我"需要的是和学习有关的东西。

师：是啊！我想：或许书中爸爸认为马克斯需要的东西，就是生活中你们的爸爸妈妈希望你们得到的礼物。

（学生点头）

师：面对爸爸的指责，乔纳森是这样解释的——

（课件出示文字，学生默读。）

师：还记得吗，乔纳森一共带来了77个塑料小矮人，那些小矮人叫什么名字？可以把它们放在哪里？又是为什么呢？老师把书中介绍小矮人的句式摘录了出来，你能发挥你的想象试着填一填，说一说吗？

（学生先和同桌交流，然后汇报。）

生：那个喜欢看书的叫"看书小矮人"，必须把她放到书架上。

……

师：为你们的奇思妙想点赞。要是这样的事情发生在我们的家里，你认为接下来爸爸妈妈会怎样做呢？

生：把我们两个都赶出去。

师：书中爸爸妈妈的做法会和你们的爸爸妈妈一样吗？让我们再留下一个问号，等到自己阅读时再来揭开这个谜底。乔纳森每个星期天都到我家来，每次来都带给我不一样的体验和感受。（出示目录）你对哪个星期天的内容比较感兴趣呢？

生：我感兴趣的是"粉笔钢琴"，粉笔可以做成钢琴吗？那怎么弹啊？

……

师：还是那句话，你若真想解开这些谜，就自己去阅读吧。读书不是老师下达的命令和布置的作业，而是你发自内心的渴望和兴趣。

节录三

师：你的星期天是怎么度过的呢？

生：早上起来后就上各种各样的培训班：奥数、作文、英语、跆跆道……

　　师：那如果给你一个星期天，让你来安排，你会有怎样的创意呢？

　　生：我想睡到自然醒，然后去打球，和好朋友玩儿。

　　生：可是老师和家长总让我们学他们认为我们应该学的东西，学的方式也得他们来定，他们让我们过什么样的日子，我们就得过什么样的日子，大家都习以为常了。（掌声）

　　师：我记得一开始我们猜想书中的爸爸会认为乔纳森应该送"我"的礼物是书、文具，以及与学习有关的东西，看来对于一个孩子来说，他的美好的生活可能不应该只有这些，还应该有什么？

　　生：快乐和自由。

　　……

　　师：说到这里，你们再思考一个问题：乔纳森叔叔为什么被"我"称作"星期天的巨人"呢？

　　生：因为他带给了"我"不一样的生活方式。

　　师：可是这些也不能称为伟大的成就啊？

　　生：对于一个孩子来说，家长能做到这些就很伟大了。（掌声）

　　师：是的。乔纳森叔叔带给"我"惊喜、欢笑、快乐，他用别样的方式陪"我"度过了一个又一个星期天，你以为他只是陪"我"玩儿吗？他的玩儿中还有学问呢。至于那学问是什么，还是那句话——

　　生：自己去读。

　　师：这本书的作者是海因茨·雅尼施（Heinz Janisch），奥地利作家。他写了一系列的儿童读物、短篇小说和图画书，多次获得文学奖。在他的书中有一个很重要的元素——幻想的快乐和永远能够产生的变化。

　　师：这本书的封底这样写道：每一个星期天，乔纳森叔叔都带来了惊喜、期待和欢声笑语，他是马克斯眼中的"星期天巨人"。然而，马克斯却惊讶地发现，原来"巨人"的背后还有一个不可思议的秘密……

　　师：读到这里，你脑海里又产生了什么问题？

　　生：那个不可思议的秘密是什么呢？

　　师：是啊，让我们带着一个个问号开启我们的阅读之旅吧！下课。

观课悟道

王文丽，特级教师，儿童阅读课程研究中心副主任，北京市东城区教师研修中心语文教研员。王老师多年来致力于儿童整本书阅读研究，其执教的《星期天的巨人》很值得借鉴，整堂课设计巧妙，教学艺术精湛，具体说来有以下三点。

一、有效组合——群读入境

鲁迅先生有言："必须如蜜蜂一样，采过许多花，这才能酿出蜜来，倘若叮在一处，所得就非常有限，枯燥了。"读书就如采蜜，只有博览群书，才能酿出纯正的佳蜜来；也只有博览群书，才可以弥补单一文本的局限性，让阅读走上快车道，实现高速运行。

王老师在上整本书阅读课时，非常重视群书阅读。如课前，首先和学生交流最近读过哪些书，从而为学生打开一扇通往浩瀚书海的大门。接着顺势引导学生思考：你在哪些书里见过"巨人"呢？由此引出四本与"巨人"有关的书——《巨人的花园》《好心眼儿巨人》《孤独的巨人》《巨人三传》，再通过不同的形式了解四本书的内容梗概，得出"有名的人不一定就是巨人，只有为人类社会作出过突出贡献的人才可以被称为巨人"的结论。

当然，教师应该选择有一定逻辑关联的书本组合成"群"，因为只有这样的关联才可以作为有效组合的逻辑起点，才能更有效、更有针对性地开展"类"的阅读，从而开阔学生视野，并调动起所有学生的兴趣，快速把学生引入到课堂情境中来。

二、层层设悬——猜读入味

部编本语文教材总主编温儒敏认为，能按下读书的悬念，播下"读书种子"的课就是好课。

王老师在课堂导入环节中生动有趣地介绍了《好心眼儿巨人》这本书。可正当孩子们期待结局之际，王老师故意戛然而止，设置一个"猜猜故事的结果怎么样了呢？我才不会告诉你呢，还是你们自己去读吧"的悬念，来激发学生阅读的欲望。接着又先后设置"书中爸爸妈妈的做法会和你们的爸爸妈妈一样吗？让我们再留下一个问号""你以为他只是陪'我'玩儿吗？他的玩儿中还有学问呢。至于那学问是什么，还是那句话——"等悬念。然后让学生利用文本提供的相当多的信息，作出假设和判断。在一次次地猜想、验证之后，孩子们也就迫不及待地想去读这本《星期天的巨人》了。

王老师的课堂就是这样，总会在学生兴趣达到至高点时，就故意停下来，给他们留下一个个"谜团"，诱导孩子们兴致勃勃地去猜测、去期待，以致欲罢不能，非弄个水落石出不可，从而吸引学生走进书木。

三、合理剪裁——精读入理

王老师还有一种高深的文本解读能力，她懂得把书中一个个经典的片段当成一匹匹精美的布料，通过个性化的剪裁、重组、缝合，最后制作出理想的"成衣"，如此便规避了整本书阅读的无序、无理状态。

在《星期天的巨人》一课中，王老师精心截取书中几个经典片段，并巧妙串联，引导学生品读，使学生读有所悟。比如，在引导学生感受乔纳森叔叔的"巨人特质"时，她先紧紧抓住乔纳森叔叔一个星期天来我家串门给"我"带来的一份礼物——77个塑料小矮人，并把书中介绍小矮人的句子都摘录出来，用PPT显示。然后让学生与同桌交流探究，说说"那些小矮人叫什么名字？可以把它们放在哪里？"在学生含英咀华，发挥自己奇思妙想的基础上，再提出"要是这样的事情发生在我们的家里，你认为接下来爸爸妈妈会怎样做呢"的问题，引导学生将阅读世界与现实世界进行联结，对比反思，从而明白乔纳森叔叔为什么被"我"称作"星期天的巨人"——他带给了"我"惊喜、欢笑、快乐，他用别样的方式陪"我"度过了一个又一个星期天，更进一步让学生领悟到了"生活中不应该只有书和文具等与学习有关的东西，还需要有快乐和自由"这一道理。

需要注意的是，在选择精读时，我们一定要把握文本中那些有声、有色、有情感、有内涵的词句，然后结合不同书籍设计不同的"议题"，再让学生在初读基础上精读深思，使学生超越阅读，感悟生活。

　　总之，王老师的这堂整本书阅读课既激发了学生阅读兴趣，又教会了学生阅读方法，而且在儿童道德发展和生活启迪的层面作出了很好的示范。因为一本真正的好书教给我们的远不止阅读，而是必须很快将它放在一边，然后按照它来生活。正如美国哲学家梭罗所说的"始于阅读，终于行动"。

一"问"激起千层浪

——观蒋军晶执教《整本书阅读:〈城南旧事〉》

肖莉莉

课堂节录

节录一

(生读文题:冬阳·童年·骆驼队)

师:你们有没有发现这篇文章的题目跟我们所见的大部分文章的题目不一样?

生:题目里有两个间隔号。

生:一般题目会用一个词或一句话来表达,而这个题目用了三个词。

生:而且这三个词意思完全不同。

师:一般文章会用连贯的词语作为题目,林海音女士可能觉得用这种方式无法表达自己想表达的东西,就选了似乎没有关联的三个词作为文章的题目。作者为什么要选这三个词呢?我们今天一个个来研究,先从"骆驼队"这个词开始。

节录二

师:为何选择"骆驼队"这个词放入文题中?请大家打开书,默读这篇文章,思考一下。

生:骆驼队给她带来了美好的回忆。

生:她从骆驼身上明白了要"慢慢的",不要快。

生:这篇文章里回忆的事都是跟骆驼有关的。

师：文中都写了哪些与骆驼相关的事？你能梳理一下，概括地说一说吗？

生：看骆驼咀嚼。

……

（师提炼板书：骆驼咀嚼　骆驼挂铃铛　骆驼脱毛　骆驼不回来）

师：我们再细致地读一读这些事，你会觉得挺有意思的。比方说，第一件事——骆驼咀嚼。请你们找到相关的部分读一读。

（请一生范读描写"骆驼咀嚼"的部分）

师：林海音很细致地描写了骆驼咀嚼。我的理解是五岁的小英子很讨厌骆驼，嫌它丑。所以写道——"那么丑的脸"。你们觉得我的理解对吗？

生：我认为林海音这样写是因为小时候的她对骆驼很好奇，很喜欢骆驼。

师：她好奇什么呢？

生：她从来没有见过骆驼，感到很好奇，尤其对它咀嚼食物感到好奇。

师：拍电影的时候，导演也很尊重这个细节，我们一起来看看。（播放电影中"骆驼咀嚼"片段）

师：谁再来读读这段文字？把那种好奇、喜爱之情读出来。

（生再读"骆驼咀嚼"片段）

师：小英子看到骆驼咀嚼，很好奇，所以跟着学。

（师板书：学　好奇）

师：当小英子在这样做时，大人们在干什么？骆驼那么丑的脸，他们有兴趣看吗？那么长的牙，他们有兴趣看吗？咀嚼的样子，他们有兴趣看吗？

生：没有。

师：那他们在干吗呢？

生：在旁边讨价还价，根本没注意这些。

师：对，大人对这些毫无兴趣。

（师板书：讨价还价）

师：面对同一件事情，大人和孩子的反应似乎是不同的。比方说，看见骆驼脖子上挂个铃铛，孩子的猜测是——

生：为单调的路途解闷，增加点情趣。

（师板书：增加情趣）

师：大人是怎么解释的呢？

生：大人认为是为了防止狼的侵犯。

（师板书：防狼）

师：面对骆驼的换毛，小英子最想做的事是什么？

生：小英子想帮它剪一剪。

师：大人呢？

生：大人熟视无睹，还在那里讨价还价呢！

（师板书：剪　讨价还价）

师：骆驼不见了，小英子干了件什么事？

生：不停地问妈妈骆驼到哪里去了。

（师板书：问）

师：妈妈的反应是什么？

生：妈妈被问得都有些厌烦了。

（师板书：厌烦）

师：请同学们看板书，比较一下，你有什么话想说吗？

大人和孩子对同一件事的不同反应

事 人	骆驼咀嚼	骆驼挂铃铛	骆驼脱毛	骆驼不回来
"我"	学、好奇	增加情趣	剪	问
大人	忙讲价钱	防狼	讨价还价	厌烦

生：大人和小孩想的完全不一样，孩子更好奇，更天真无邪。

……

师：整本书中，对于很多人和事，大人和小孩的看法都是不一样的，你们有没有发现？

生：大人和小孩对秀贞的看法不一样。

……

（师板书：秀贞　男人　兰姨娘　宋妈　妞儿　英子的爸爸）

师：大人和小孩对他们的看法有什么不一样呢？

生：大人认为秀贞是惠安馆里的疯子，不愿意接近她。小英子却很喜欢她，觉得她很善良，失去孩子很可怜。

……

师：这本书中记录了一切英子想了解、想接触的人和事。而这些人和事在大人眼里都习以为常。

节录三

师：作者又为什么要选择"童年"这个词放进文题？

生：《城南旧事》这本书写的都是她自己童年的人和事。

……

师：有些事物消失了，还能回来。童年，却再也回不来了，只能挥手告别。文中有这样一段话，我们来读一读。

（课件出示）

夏天过去，秋天过去，冬天又来了，骆驼队又来了，童年却一去不还了。冬阳底下学骆驼咀嚼的傻事，我也不会再做了。可是，我是多么想念童年住在北京城南的那些景色和人物啊！我对自己说，把它们写下来吧。就这样，我写了一本《城南旧事》。

师：大家普遍认为将"童年"放进题目中，是因为作者告别了童年，怀念童年，写下了童年。大家有没有发现，这本书不断在写"告别"。小英子除了和"童年"告别，还和谁告别？

生：爸爸。

师：她的爸爸最后因病去世，她和爸爸告别了。

生：还有秀贞、男人、兰姨娘和宋妈。

师：小说中的这些人物，小英子那样认真、热心地去接近，结果他们一个个还是离开了。秀贞是因为什么离开的？

生：带着孩子被火车轧死了。

师：永远分离了。

生：宋妈有两个孩子，一个死了，另一个被自己的男人卖了。她只好和小英子分别，回家了。

师：在那样的社会背景下，她没能保住自己的孩子。她跟自己爱赌博的男人回去了，希望再生养一个，可能再也不会回来了。

生：兰姨娘和德先叔远走高飞了。

师：她寻求自己的爱情去了，可能再也看不到了。

师：那么，作者跟童年的告别与她跟秀贞、男人、宋妈、爸爸的告别，有没有什么联系？有没有什么一样的地方？有没有什么不一样的地方？

生：相同点在于告别后都一去不复返了。不同的是，童年是慢慢地消逝，而秀贞等人是突然间消失了。

……

师：你们渐渐读懂了文章。其实，这篇文章在选入人教版教材时，有一句话被删掉了。我们一起来读一读原话。

（出示课件）

可是，我是多么想念童年住在北京城南的那些景色和人物啊！我对自己说，把它们写下来吧，让实际的童年过去，心灵的童年永存下来。就这样，我写了一本《城南旧事》。

师：读了这句话，谁想发表一下自己的见解？

生：既然实际的童年一定会过去，那么心灵中美好的童年一定要记录下来，给其他人看，同时也让自己开心。

……

师：跟大家聊聊我的理解。或许作者是不希望自己成长为那么"实际"、那么"枯燥"的大人，总会给人物贴上"标签"——小偷、疯婆娘……虽然实际的童年已经与"我"分别，但心灵的童年可以永存下来。

师：关于分别，林海音女士在小说中一次次提到一首歌，是哪首歌？

生：《骊歌》。

（音乐起）

师：小说里多次出现这首歌。就像你们所说的，在一次次分别中，她长大了，童年一去不复返了。

节录四

师：最后一个词"冬阳"要你们自己去阅读，自己去研究。

师：小说中是怎么描写"冬阳"的？我梳理了一下，有这样的描写——

（出示课件）

冬天快过完了，春天就要来，太阳特别暖和，暖得让人想把棉袄脱下来。

师：也有这样的描写——

（出示课件）

太阳从大玻璃窗透进来，照到大白纸糊的墙上，照到三屉桌上，照到我的小床上来了。我醒了，还躺在床上，看那道太阳光里飞舞着的许多小小的，小小的尘埃……

师：林海音为什么要把"冬阳"作为关键词拎出来放在题目中，而且是题目里三个词语中的第一个？你们回去再读读小说，想想看。今天就上到这里，同学们再见！

蒋军晶老师是语文教学路上的探索者，他的课堂灵动开放。执教《城南旧事》一课时，几个关键性的提问，唤醒了学生的思考。引领学生不断深入理解文本，形成有体验、有思考的个性化解读，把学生的认知理解能力提升到更高的层次，为讲授整本书阅读课提供了范本。

一、以篇带"整"——发现问题

语文课程标准的"教学建议"中明确提出：要重视培养学生"广泛阅读兴趣，扩大阅读面，增加阅读量，提倡少做题，多读书，好读书，读好书，读整本的书"。蒋老师通过单篇《冬阳·童年·骆驼队》为学生搭建知识的支架，激发学生深入阅读《城南旧事》，具体来讲，共分三步：

第一步，巧用"间隔号"提问，引发学生主动探究，学生求知欲强烈。

第二步，巧用"关键词"提问，理清教学脉络，学生记忆点明显。

先抓住"骆驼队"这个词提问："为何选择'骆驼队'这个词放入文题中？""文中都写了哪些与骆驼相关的事？"学生通过默读，很快梳理出文章的主要内容，降低了概括的难度。

在感悟"童年"一词时，学生通过朗读，很快体会到小英子对"骆驼队"的好奇，蒋老师适时追问："当小英子在这样做时，大人们在干什么？"一石激起千层浪，为学生撕开了一个思维的口子，在一问一答中，学生发现孩子和大人对那些人、事的看法是不同的。"整本书中，对于很多人和事，大人和小孩的看法都是不一样的，你们有没有发现？"又一个问题，看似轻而易举，却不动声色地把单篇和整本书串联起来，让学生的思维向更深处漫溯。

第三步，巧用"问题"留白，构建思考平台，学生阅读力迁移。

回到课题，走出文本。留下问题：思考为何把"冬阳"这个词选入课题？而研究"冬阳"，就是激发学生再次走进《城南旧事》。有效的教学留白，极大程度上培养了学生自主学习的能力，调动了学生的主观能动性，使阅读力由单篇向整本书迁移。

二、巧用表格——凸显问题

苏霍姆林斯基说："人的心灵深处，都有一种根深蒂固的需要，这就是希望感到自己是一个发现者、研究者、探索者。在儿童的精神世界中，这种需要特别强烈。"蒋老师把学生的思考板书在黑板上，制成表格，直观地呈现出来，自发地引导学生产生疑惑，并激发学生去解疑，形成主动、深度的思考。学生不再满足于一知半解，而是想要刨根问底——还有哪些不同？自然而然地由一篇推向多篇。避免了过多过细的提问，融会贯通地进行了知识整合，真正促进学生思维能力的高效发展。

蒋老师独具匠心的引导方式，给学生指明了正确的思考方向，很好地发挥了学习引导者的作用。

三、寻同比异——探究问题

通过寻同比异，引领学生主动探究，引起学生的课堂讨论，引发学生的创造性思维，使学生更好地认识事物的本质与特征。并通过举一反三，进行知识整合，让阅读思维拔节生长。

第一次发问，抓住一篇和多篇中的不同点。通过孩子与成人对人对事截然不同的看法的对比，在孩子的单纯、好奇，与成人的世俗、冷漠不断的碰撞中，理解成长的含义。

第二次发问，抓住一篇和多篇中的相同点。"小英子除了和'童年'告别，还和谁告别？"不难发现，《城南旧事》就是一本不断写告别的书，每一段故事的结尾，里面的主角都离小英子而去。在一次次对比中，透过表象，更深刻地意识到昨日之日不可留。

以一篇带整本是阅读方式的革新，蒋军晶老师的这堂课，引导学生通过标点符号、关键词、表格、寻同比异等多样化形式来引发问题，激发学生更强的思考动力，导出更多疑问与探究的欲望。蒋老师是一名真正的善导者，带领学生抽丝剥茧，一次又一次走进名著，又走出名著，在这来来回回中，领略到独特的风景。

让儿童在阅读中快乐生长

——观王玲湘执教《整本书阅读:〈朝花夕拾〉》

谢海波

课堂节录

节录一

师:你们读《从百草园到三味书屋》,留下的整体印象是怎样的?

生:读了《从百草园到三味书屋》,我体会到作者鲁迅的童真、童趣。

师:多好的词语——"童真""童趣"。选一个,写上。(生板书:童真)

生:我读了《从百草园到三味书屋》,最深的印象是,小时候的鲁迅很天真,爱玩。从第二部分他折腊梅花、寻蝉蜕、捉了苍蝇喂蚂蚁、先生读书入神的时候用荆川纸画画中,我体会到鲁迅虽然是位大文豪,但小时候也和我们一样,生活很丰富。(生板书:爱玩)

师:我相信爱玩是你们的天性,所以,你们读懂了,留下了深刻的印象。继续!

生:我读了《从百草园到三味书屋》的文段,感受到鲁迅小时候在百草园中玩得很开心。(生板书:开心)

生:我读了《从百草园到三味书屋》,体会到了作者小时候的天真可爱。他坚持不懈地拔根像人样的何首乌,弄坏了泥墙,找蝉蜕,捉苍蝇喂蚂蚁,我感受到了鲁迅小时候的课余生活新奇有趣。

师:你很认真地做了预学,不过我觉得声音可以大一点。从你这里可以提取一个词——

生:天真。

师：写上吧。（生板书：天真）

生：读完《从百草园到三味书屋》这个片段，我感受到鲁迅小时候的顽皮天真。折腊梅花、寻蝉蜕这些有趣的事情，我小时候没有经历过。我小时候只是在房间里玩玩小玩意儿什么的，作者小时候的玩伴让我心生向往和羡慕。

师：哎哟，他不但感受到了，还有了自己的情感——向往和羡慕。真好，把你感受到的顽皮也写上去。（生板书：顽皮）还有吗？

生：从此篇文章中我体会到了鲁迅的童真可爱。他童年时玩的找蜈蚣、按斑蝥、折腊梅花等种种游戏使我感到新奇有趣，甚至也想去体验一番。这让我联想到小时候在溪中捉小鱼、摸卵石时的欢声笑语。读了此文我觉得不可思议，原来大文豪小时候竟会如此顽皮可爱。（生板书：体会）

师：真好！除了新奇，你还有联系生活的体会。亲爱的同学们，通过粗粗一读，你们就留下了这么丰富的印象。比如——

生：童真、童趣。

师：比如——

生：爱玩、开心、天真、顽皮。

师：这个"体会"换成你之前讲的那个"新奇"就更好了。（师改"体会"为"新奇"）好了，亲爱的同学们，掌声为你们自己响起吧。

师：我看到这些感受，想起了陈丹青先生对鲁迅的一句评价，他说鲁迅是"百年来第一好玩的人"。（师板书：好玩）这个好玩不就是你们说的——

生：爱玩。

师：不就是你们说的——

生：开心。

师：不就是你们说的——

生：童趣。

节录二

师：其实读整本书，有时候翻开大略读就可以了，但是对体验很深刻的地方，我们就要驻足停留，慢慢欣赏。把你自己当作小小的鲁迅，去感受、去体会。看看这些东西，你都认识吗？可要有依据。（课件出示图片）这是——

生：菜畦。

师：这是——

生：石井栏。

师：继续看。这是——

生：皂荚树。

生：桑葚。

师：哪个是桑葚？你来说说，哪个是桑葚？

生：下面那个。

师：为什么？

生：因为……因为课文中说桑葚是紫红色的。

师：（指另一幅图）那这个呢？

生：这个是……嗯，这个是覆盆子。

师：有没有人吃过？（有学生举手）哦，有同学吃过，你下课可以跟他们分享。

师：这个是——

（学生思考，很久没有回答。师笑。）

生：这是木莲。因为它有莲房一般的果实。

师：太好了！他抓住了鲁迅说的"有莲房一般的果实"这个特征。继续。这是——

生：何首乌。

师：因为它有——

生：人形。

师：这是——

生：斑蝥。

师：我不知道有谁玩过斑蝥没有？

生：以前我住在过渡房的时候，那边有堵墙，经常有斑蝥。

师：它有个俗名叫——

生：西班牙苍蝇。

师：（大笑）还有个俗名叫——

生：臭虫。

师：对对对，叫臭虫。它怎么样？

生：我一按，它就放出一股气。我闻一下，臭。

师：是的，每一样事物都那么有趣。亲爱的同学们，19种，你们一下子就能猜出，可见鲁迅先生寥寥几笔就能够抓住动植物的特点，把看到的、听到的、尝到的、摸到的都展现出来了。这样的写法叫——

生：描画。

师：太好了，接下来就让我们打开触觉、嗅觉，还有味觉，一起走进文本，好好体会、体验。

（播放背景音乐，学生依次朗读"不必说碧绿的菜畦……色味都比桑葚要好得远"。）

师：（深情地）原来，读书要这样，有意思的地方，深入体会。读书，还要读出来，读出生活，读出自己。读到鲁迅的百草园，你是否想到了自己的百草园？谁愿意来分享？

生：我心中的百草园是我家门前的一片空地。那里经常停着车，我和我的小伙伴们一起在那里玩猫抓老鼠的游戏。汽车当奶酪，旁边还有一个棚子，我们就把那个棚子当作老鼠的窝。我们家和邻居家之间的空地上还有几根杆子，我爸就在那里绑个秋千，我和小伙伴们经常在那里推来推去地玩秋千。

师：真好，能探究一个秘密吗？你这个秘密小花园，你爸爸妈妈知道吗？

生：知道。

师：你真幸福，有呵护你的爸爸妈妈。快，掌声为他响起。（生鼓掌）

节录三

师：在三味书屋中，也有一个生动的——

生：描画。

师：你们想去感受感受吗？

生：想。

师：描画就跟画出来一样。你们能试着读一读吗？

（学生练习朗读"铁如意，指挥倜傥……拗过去"一段。）

师：好，我想请一位同学来试一试。（指一生）你来试试吧。

（生起立）

师：亲爱的同学们，他在试的时候，我们给他一些建议。既然是描画，是不是语言、动作都有精确的刻画？给他什么提示？

生：可以把头仰起，然后摇几下。

师：来，试试。他说什么呀？

生：头仰起，摇几下。

（师帮助生仰头、摇头）

师：还有一个动作叫——

生：拗过去。

师：什么叫"拗"？

生：向后仰起，头摇着。

（师帮助生做"拗"的动作）

师：来，带着动作，我们跟他一块儿模仿老先生读，好吗？老先生读的跟我们现在读的一样吗？

生：不一样。

师：老先生是怎么读的？（学生纷纷试读）哦，明白明白，是吟诵，你会读吗？来，试试。

（一生带领全班同学吟诵"铁如意……拗过去"这段，师指挥。）

师：注意摇头晃脑。"呢"字后面有三个声浪线，来，头还得拗过去，我们跟他一起来。

（师指挥，学生齐读。）

师：快把掌声送给他。

观课悟道

王玲湘老师是生长语文的倡导者，其教学理念是为生长而教。她的课堂，往往从学生的学习感受和体验出发，致力于促进学生独立自由的精神生长，似有勃勃生机涌动其间，令人印象深刻。《整本书阅读：〈朝花夕拾〉》一课较典型地体现了王老师生长语文的教学特色。

一、以激发兴趣为生长基点——回归阅读本真

我们为什么要阅读？王老师一语中的：好玩。艺术的起源有游戏一说，阅读的初衷不正是为了阅读者精神的愉悦吗？不带任何功利目的，回归阅读的本真、学习的本真，才能真正激发儿童的阅读兴趣，为学生喜爱阅读并终身阅读奠基。在整个教学过程中，王老师立足于"好玩"二字，用分享"好玩"的阅读印象、辨认"好玩"的动植物、表演"好玩"的吟诵动作等方式，始终将学生置于"好玩"的阅读享受中，又用陈丹青先生的话"鲁迅是百年来第一好玩的人"加以佐证，充分挖掘文本的"好玩"和作者的"好玩"。在王老师的有效引导下，孩子们读出了一个"好玩"的、尽情释放天性的、活泼可爱的童年"小"鲁迅，和一个"好玩"的、微笑着回忆往事的、幽默风趣的中年"大"鲁迅。在与"小"鲁迅和"大"鲁迅的对话中，孩子们收获了"好玩"，在"好玩"中生发了阅读文本的兴趣，而且是生发了对鲁迅整本"从记忆中抄出来"的"回忆文"文集的兴趣，生发了精神生命成长的原动力。

二、以唤醒体验为生长途径——强化生本意识

"让儿童站立在课堂的正中央"（窦桂梅），突出了学生在课堂中的主体地位；吴春来老师说要"贴近学生教"，也体现了对生本意识的关注。阅读课上，学生是主体，体验是关键，阅读的体验是学生的体验。教师不可越俎代庖，不可用自己的理解先入为主地影响学生的判断，而应该设法唤

醒学生的阅读体验，点燃学生的阅读激情，引发学生的个性解读，为学生找到阅读生长的途径。在"分享整体印象"环节，王老师在未作任何提示的情况下，把课堂完全交给学生，让学生们依次表达自己的阅读感受并板书关键词语。该环节的所有观点都来自学生，所有板书都由学生完成。也许孩子们的思考还不全面，表述还欠精准，但他们能自主思考、自由表达。这种自主和自由必然能带给他们精神上的自由和愉悦，继而唤醒他们积极体验并踊跃表达的欲望，形成"读—悟—说—读"的良性循环。同时，王老师多次用"原来，读书要这样，有意思的地方，深入体会""把你自己当作小小的鲁迅，去感受，去体会"等充满感召力的语言，唤醒了学生的自主阅读意识和个性阅读体验，再让他们在朗读时调动全身多个感官好好体验，或"打开触觉、嗅觉，还有味觉"或用语言动作去描画，让他们在直接的感受中获得生命体验，从而有效地促进了他们的生命成长。

三、以文言共生为生长目标——重视生命教育

王玲湘老师提倡"文言共生"，注重在解读文本之"言"的过程中抓住契机，引导学生回归生活实践，让学生在生活化的认知和体验中，将其对语言文字的感悟转化为积淀于内心的一种情感品质和人文精神，从而实现课堂的生命性教育。本堂课中，王老师用爽朗的笑声、亲切的肢体语言营造了轻松愉悦的课堂氛围。在学生调动多个感官去直接感受文本所描绘的生活情境而感到意犹未尽时，王老师紧紧抓住这一契机，用"读到鲁迅的百草园，你是否想到了自己的百草园？谁愿意来分享？来吧"等富有感染力的语言引导学生进入生活情境，让学生自发地从文本走向生活，从关注作者情感转向凝视自我世界。用"你真幸福，有呵护你的爸爸妈妈。快，掌声为他响起"等积极正面的评价，帮助学生形成正确的情感态度和价值观。王老师用这些方式让学生明白，阅读的终极目的不是阅读本身，而是为其丰富生活、情感和人生体验，帮助其形成正确的价值观、人生观、世界观，帮助其生命在阅读中朝向真善美的阳光自由、快乐地生长。

"教育就是不断地生长，在它自身之外，没有别的目的。"（杜威）王玲湘老师以其南北兼具的教学风格，为我们呈现了这种灵动、有活力、有张力、有利于促进学生自身素养发展的生长课堂模式，揭示了教育的本质目的和自然规律。

在思辨中前行

——观余党绪执教《整本书阅读:〈三国演义〉》

文 惠

节录一

师:各位同学,这段时间我们一直在研读《三国演义》中的"主公系列"。我们讨论了曹操、刘备、孙权、袁绍、董卓、吕布等"主公",今天我们来讨论刘璋。

这节课的任务就是课题交流,因时间限制,重点交流三个话题。第一个是刘璋失败的原因。请小组发言人介绍你们的想法。

生:我们将刘璋的失败归结为四大原因:(1)固执己见,引狼入室;(2)威信极弱,严颜投降;(3)心慈手软,罢黜郑度;(4)意志不坚,拱手献城。

我想借用老师教我们的"假设法"来分析一下这四个原因:假如刘璋作出了另外一种选择,结局会不会有所改变?

……

生:第三点,刘璋心慈手软,即所谓的"妇人之仁"。雒县被攻破之后,刘璋和谋士们讨论如何抵抗刘备。郑度想出了一条毒计,叫作"坚壁清野"。他建议,把这个地区的粮仓烧毁,粮食毁掉,断了桥梁,把百姓赶到涪水以西,高筑堡垒来防御刘备。可惜,刘璋没有采用郑度的谋略,他觉得这样就坑害了老百姓。如果刘璋采纳了郑度的建议,那么,刘备在当地找不到粮草,就不得不从荆州大量运粮草到四川,大家知道,这个路途很远,而且沿途山多路险,难度很大。根据郑度的推测,可能不足百日刘备就会弹尽粮绝，如果此时乘机进兵，就可能打败刘备。

……

师：历史的发展充满了偶然性，一个小小的事件，就可能改变历史的走向。但客观的事实却是，刘璋并没有听从郑度的建议。多可惜，为什么不听呢？法正知道原因。法正说，刘璋是不会干这种事情的，因为他的性格如此，他的思想就是这样。……通过对刘璋的假设，让我们明白，明明有那么多胜算的机会，刘璋却走进了死胡同。这就促使我们去思考背后的原因，这样我们才能更好地理解历史和历史人物。"假设"能让我们打开思路，多方面考虑问题，让我们对历史有了更清晰的认识。

节录二

生：大家好，我们这组展开的是刘璋政权与刘备的蜀汉政权治理益州的比较。

我们认为，刘璋从父亲刘焉那里继承了益州，他的治理思路是偏安一隅。那么，在英雄豪杰逐鹿天下的时代，他怎么会作出这样的选择呢？我们认为有两点原因。一是益州本身条件优越，他有偏安一隅的资本。……

二是刘璋的性格懦弱，在政治上也没有什么出色的才能。小说中几乎人人都说他"禀性暗弱，不能任贤用能"。

……

刘璋本性宽厚爱民，像刚才同学提到的，他不愿意用"坚壁清野"的毒计来抵抗刘备。他的原话是"为了救满城百姓"，他的表现和行动，说明他确实宽厚爱民，从某种程度上说，他偏安一隅就是为了保护他的臣民。

师：总结一下，刘璋的个性、才能，以及他对老百姓的态度，决定了他愿意偏安一隅，而不是寻求更多的扩张，接下来该说说刘备了。

生：刘备的选择截然相反，他是主动出击。刘备有刘璋远不能比的强大的野心和志向，渴望一统天下。诸葛亮在《隆中对》中就告诉刘备，可把益州当作一个基地，有了益州，就可以主动出击，开启未来的宏伟蓝图。

……

生：诸葛亮带兵南征的时候，大家也深以为喜；南征归来，老百姓也是敲锣打鼓地迎接他们。但因为常年战争，特别是诸葛亮六出祁山和姜维九伐中原，给百姓带来了极大的损伤，人民开始有了怨念。

……

生：所以，我们认为，对所谓的乱世豪杰，也要辩证分析，不一定浴血沙场、四处征战的，才是好主公。为了百姓偏安一隅，坚守不出，甚至自愿献出自己主公的位置的，也未尝不是一个英雄。

师：将蜀汉集团的主动出击，跟刘璋的偏安一隅作比较，你更赞同的是偏安一隅，是吧？"偏安一隅"本来不是一个好词，但在刘璋这里，"偏安一隅"倒给人民带来了幸福和安宁；嘴上说要统一天下的人，倒给老百姓带来无穷的灾难。这种解读很有新意。

节录三

师：最后，请一位同学来讲讲对刘璋的总评价。相关标题叫作"守户之犬，还是仁义之君"。

生：《三国演义》对刘璋的评价，基本上都是负面的，他呈现出的就是一个愚昧昏庸的主公形象。但经过再三品读，我们发现刘璋还有另外一面，他不仅是一个"守户之犬"，还是个"仁义之君"。

师：就是说，你承认他是一个"守户犬"，但同时又说他是"仁义之君"？

生：是的。……"守户之犬"是曹操对他的评价，是在煮酒论英雄的时候，曹操跟刘备说的。我觉得这个评价带有一种无法掩盖的鄙夷和轻蔑。为什么这样评价刘璋？因为刘璋的野心太小了。《三国演义》里的主公们，每个人都有野心，只有刘璋这个人只想死守住益州这块土地。曹操觊觎天下，当然瞧不起他了。

师：古话说，"尽信书不如无书"，读书要有自己的思考与判断。曹操说刘璋是"守户之犬"，你就相信他是"守户之犬"？你得看曹操是个什么人，他在哪里讲的，他为什么这样讲。曹操有自己的价值观和评价标准，我们必须对曹操的评价再作一次评价，最终确定我们自己的评价。曹操是个什么人？大野心家。所以他当然看不起刘璋。

生：我觉得毛宗岗的评价也带有一点惋惜意味："忠厚为无用之别名，非忠厚之无用，忠厚而不精明之为无用也。刘璋失岂在仁，失在仁而不智耳。"

师：毛宗岗的这个评价确实有点复杂。他说刘璋"仁而不智"，毁掉他的是"不智"，而并不是"仁"，仁本身无过。仁爱难道不是一种很好的品质吗？因此，我们不能因为他的"不智"而看不到他的"仁"，更不能因为他的"不智"而去否定他的仁爱。

最后我稍作总结。其实，今天讨论的问题，我们也可归结为"谁是英雄"。

《三国演义》是英雄演义，英雄史诗，作为现代公民，我们首先得考虑什么样的人才配得上英雄称号。到底是图谋天下的曹操和刘备，还是偏安一隅的刘璋，或者说他们都是英雄，只是体现的价值不一样呢？其次要反思的是，曹操、刘备这些人都谈不上仁慈，刚才讲过了，刘备的仁慈透出虚伪，但最后成功的，却是残暴无耻的人。这里有一个尖锐的矛盾：仁慈在普通人身上是美德，在政治家身上却坏了他的事，难道政治家一定要残暴不仁吗？难道要实现自己的"功名"，就一定要牺牲"道义"吗？难道为了实现"功名"，就一定要玩弄"道义"吗？这是为什么？到底是哪里出了问题？这些问题今天不讨论，希望大家课后思考。

我们用鲁迅《最先与最后》中的几句话来结束这节课：

中国一向就少有失败的英雄，少有韧性的反抗，少有敢单身鏖战的武人，少有敢抚哭叛徒的吊客；见胜兆则纷纷聚集，见败兆则纷纷逃亡。

鲁迅说，"中国一向就少有失败的英雄"，那么，刘璋算不算一个失败的英雄呢？我希望借这样一节课和这样一个讨论，向这位失败者致敬！

观课悟道

余党绪老师是"思辨性阅读"的倡导者和实践者，他将"思辨性阅读"定义为：以批判性的态度阅读理性的文本。他的这节课引导学生以具体问题为方向进行细读与质疑，在开放而多元的对话中自然行进，让人触摸到思辨阅读的脉络，感受到思想激荡的力量，对于我们的整本书阅读教学，有诸多引领和启发。

一、"三题"明方向

余老师指出，整本书阅读的关键，在于找到具有"生发性"与"整合性"的问题，以问题切入作品，以"问题解决"来引导和推动整本书的理解和思辨。在整本书阅读教学中，余党绪老师以母题、议题与问题作为学生阅读和思考的方向、框架与抓手。余老师将《三国演义》的母题确定为"功名与道义"，让学生在面对宏大而复杂的文本时，有了思考的方向与范畴。确定母题后，余老师用"结构化的议题"来解决思维框架的问题。"一群野心家（主公系列）"是围绕"功名与道义"母题的议题之一。根据这个议题，学生要梳理小说中各个野心家（即"主公"）对"功名与道义"作何种选择。本堂课讨论的刘璋，是"主公系列"中的人物之一，学生通过梳理、分析其形象，思考其对于"功名与道义"的抉择，从而对其作出理性评价。本课中讨论的三个具体问题，是学生围绕刘璋形象进行细读与研讨的"抓手"，使学生对相关情节的梳理、理解与分析有了明确的方向，也让学生与文本之间的对话更趋于明晰和开放。

二、细读重质疑

"批判性思维是合理的、反思的思维。"（恩尼斯语）余老师认为"批判的姿态，才是经典阅读应有的姿态"，而"质疑"则是"批判的起点"。文本细读，是阅读的基本原则。进行文本细读，在沉浸与凝视的同时，还要发现与质疑。本堂课中，学生在分析刘璋失败的四个原因时，不只是对文本内容进行了细致梳理，还使用"假设法"，提出"假如刘璋作出了另外一种选择，结局会不会有所改变？"的问题，师生对这个问题的分析与探讨让学生对人物有了更深的理解。在对刘璋与刘备治理益州进行比较时，学生提出的"对所谓的乱世豪杰，也要辩证分析"以及对"偏安一隅"的个性化理解，都是生生、师生对话过程中质疑分析、思维碰撞擦出的火花。

在对刘璋进行评价时，对"守户之犬"与"仁义之君"的辨析之处尤为精彩，学生一开始认同书中"守户之犬"的评价，而余老师则引导学生思考此评价并进行再评价，这个看似自然发生的点拨实则很好地阐释了批判性思维对公正与合理的追求，也强调了阅读者的独立姿态和质疑精神。

三、拓展显格局

余老师说："阅读的价值，在于它有益于当下的生活，有益于鲜活的生命，有益于我们的文化成长和人格发育。"在阅读经典时进行"生命的体悟与人生的理解"，在与经典的对话中"建构自己的价值信念与精神坐标"，在整本书阅读的课堂中引领学生不断拓宽思维的疆域，并指向现实人生，这正是余老师的整本书阅读课境界格局之阔大的体现。在对本堂课作总结时，余老师又给学生来了一场"头脑风暴"：对现代公民而言，什么样的人才配得上英雄称号？政治家一定要残暴不仁吗？为了实现"功名"，就一定要牺牲"道义"吗？刘璋算不算鲁迅先生所说的那种"失败的英雄"呢？这些问题，从历史到现实，从文学到人生，既忠实于文本，又不拘泥于文本，既让学生对文本进行了较为深入的思考，又引导学生展开思维的翅膀，用现代眼光对作品进行审视，在阅读经典时"思考人生，思考社会，思考文化，反思自我"，从而汲取其中的人生智慧，用于实践和生活。在不断行进的思辨中，学生的思维领域得到延展，思维品质得以提升。

余老师的这堂课以核心问题来明确阅读方向，以质疑分析来深化文本细读，在话题拓展中扩大思维格局，让学生在思辨中前行，课堂与阅读的世界渐深渐广，是值得我们揣摩学习的典范。

精选提炼，走向文本更深处

——观陈金华执教《整本书阅读：〈平凡的世界〉》

曾　琳

课堂节录

节录一

师：小说《平凡的世界》是一部鸿篇巨制，课前老师收集了同学们阅读中产生的问题，刘宏浩同学提的问题非常有价值，请同学们来读一下这个问题。

生：孙兰花和孙兰香的出身环境、家庭情况基本相同，是什么原因使两姐妹在爱情和婚恋观上有如此大的差异？

师：要解决这个问题，我们先从孙兰花的爱情、婚恋说起。哪位同学来说说孙兰花在小说中的人生轨迹是怎样的？

生：她在村子里遇到了王满银这个男人，他喜欢兰花，向她献殷勤，兰花就嫁给了他，生了两个小孩。王满银不务农事，长年在外闲逛，孙兰花独自持家带娃，最后王满银改过自新，结局也算圆满。

师：如果你是孙兰花，你会和王满银结婚吗？为什么？

生：如果我是她，我肯定不会嫁给王满银，因为他一天到晚不着家，家里所有的事情都要我来承担，很累。

师：但小说中孙兰花为什么要嫁给王满银，并且还那么死心塌地地跟着他？我们精选小说中的情节读一读，找找原因。（课件出示关键情节）

生：因为在这世界上，只有这个男人，曾在她那没有什么光彩的青春年月里，第一次给过她爱情的欢乐！

师：这个男人给过他爱，又是第一次闯入她的情感世界，给了兰花生命的尊严与青春的色彩，一个没有多少见识而又单纯的兰花，对王满银如此专一，也就能理解了。

师：可"逛鬼"王满银婚后毫无责任感，除了给孙兰花留下一个"烂包"家庭和两个孩子的抚养重担，连正常的夫妻扶持和温暖也不能给。如果你是兰花，你会和王满银离婚吗？为什么？

生：不离，因为我不知道还有没有其他更好的人。王满银给予了"我"很多感情上的慰藉，尽管他并没有对家庭负什么责任，但"我"很爱他，对他有很深的感情。

师：说得好！还有没有其他不离婚的理由？（课件出示关键情节）

生：祖辈流传下来的"嫁鸡随鸡，嫁狗随狗"的思想观念。

生：他虽然很不靠谱，但毕竟是猫蛋、狗蛋的父亲。

师：说得很好，同学们的想法与老师的思考不谋而合。兰花的第一次选择是"嫁"，第二次选择是"不离"，守望婚姻——既为自己，也为孩子，更为家庭的圆满，这体现出兰花在爱情婚姻方面有着什么样的特点？

生：兰花是一个忠贞不二的人，对男人、对爱情很忠心，有守望的特点，在思想上对丈夫有很强的依赖性。

师：说得不错。我们可以这样概括兰花的婚恋观：依附性强，富有传统的守望特征。总结一下——孙兰花是中国千百年来农村"守望"婚姻、"守望"家庭这类传统妇女的缩影。因此我们也就能明白兰花为什么会呈现出这样的婚恋观。

师：最后王满银回家了，兰花"守"到了圆满，"望"到了幸福。作者路遥这样安排兰花的婚恋结局，你觉得作者的用意或寄托可能是什么？

生：怜悯、同情，同情她艰辛的付出与守望，让她有一个圆满的结局，也是一种祝福。

师：老师的理解和你的理解是大致相同的，这是一种理解、一种同情。当然，兰花不是一个个体，作者是在借祝福兰花来祝福所有像兰花这样的女性，这背后是作者悲悯情怀的流露。

节录二

师：梳理清楚了兰花的婚恋观，我们再来看兰香的。

生：兰香也是在双水村长大的，在学校是学霸，后来遇到了吴仲平，两人相爱并获得了对方家长的认可。

师：在小说中，兰香有着怎样的性格特点？（课件出示关键情节）

生：勤快、懂事。

生：不向命运屈服的倔强。兰香接受了文化教育，眼光不再局限于农村传统式婚姻的安排，她不想像姐姐一样嫁给一个农村后生，而是通过努力求学来改变自己的命运。

生：兰香恋爱的精神层次明显比兰花高，这也许与她们的文化水平有关。

生：兰香到了城市读大学后，内心是独立、自信的。

师：就是说兰香的文化水平到了一个新的高度，在这个城市接受了新的思想观念，达到了新的思想境界。这么来看，兰香和吴仲平从情感的交流到相恋，是建立在什么基础上的？

生：是建立在他们有共同语言的基础上的，他们在思想上是平等、自由的，能够相互理解对方。

师：回答很深入。兰香的爱恋体现出自由、平等的特征。孙兰香为什么能够获得这样的现代爱情，除了她的个性，还有哪些原因？为什么她能够实现这种自由的爱恋？

生：她自己非常努力，变得非常优秀，所以，她才能够找到另一个一样优秀的人。

师：这个我们已经分析过。老师来假设一下，假如兰香根本就没有考大学的机会，那她的命运可能会怎样？

生：可能会走姐姐孙兰花的老路。

师：如果没有恢复高考制度，农村孩子没有办法改变自己的命运，她能走上考大学改变自己命运的道路吗？

生：不能。

师：所以，后边兰香性格命运的发展变化，也和大时代的发展紧密相连。孙兰香的爱情观代表的是一种平等对话、志同道合、独立自主的现代爱情观，顺应时代潮流，具有现代意味，也体现出作者对人性的庄重思考。你觉得，孙兰香跟一个省委副书记的儿子发展恋情，并且获得对方家长的认可，这种事情在现实生活中的概率大吗？

生：不太大。

师：从理性角度来看，应该是不太大的。既然这样美好的婚恋结局在现实生活中不多见，但作者仍然这样安排，是不是也像兰花的恋爱结局一样，有作者的自我写作意图或者寄托呢？

生：体现了作者对一些艰苦求学的农村女子的同情，希望她们能够通过知识来改变自己的命运。

师：你看到了作者同情的心理，不错。对这种平等、自由的爱情，在同情的基础上，还表达出一种——

生：向往之情。

师：很有道理。老师想，作者可能持这种态度：这种爱情很美好，心生赞美和向往。老师认为，从兰香和兰花的婚恋结局来看，《平凡的世界》这部书是作者用现实主义的笔法来寄托自身理想主义情怀的作品，不知同学们赞不赞同？

生：赞同。

节录三

师：梳理到这儿，我们再回到课堂之初刘宏浩同学提出的问题，有没有得到解决？

生：是家庭身份、个人性格、文化教育程度、不同的思想观念以及时代的影响等使她们的爱情、婚恋有如此大的差异。

师：所以说，兰花和兰香两人的命运，不仅与她们自身有关，也与当时的时代息息相关。她们的爱情经历和婚姻走向反映了当时农村女青年不同的精神面貌，这恰恰是时代的嬗变，也是时代的进步。由此，老师认为，孙家姐妹的爱情婚恋，恰是主人公心中的恋歌，是一首不同时代投射在平凡人身上的恋歌！

师：将孙兰花和孙兰香姐妹进行比较阅读并且深入分析，这种阅读方法就是比较阅读，通过比较阅读，可以读懂人物，读懂时代。

师：最后布置一个作业。本课源起于同学们阅读后的疑问，从"孙家姐妹的爱情与婚恋"的主题角度切入阅读与探究，请你也从主题角度出发，精选情节，细读原文，写一篇阅读心得，题目自拟。主题角度参考示例：选择、奋斗、苦难、成长、少安婚恋中的舍与取、时代与个人……

师：实际上，从主题角度切入阅读，也是一种阅读名著的方法。交流到这里，刘宏浩同学的问题得到了解决，我们也习得了阅读名著和大部头作品的方法。谢谢刘宏浩同学，提出一个有意思、有深度、有价值的问题，为我们深入理解《平凡的世界》提供了一个很好的切口，为我们探究和认识那个时代的爱情与婚恋搭建了一座桥，让我们一起来谢谢刘宏浩同学。本节课咱们就上到这，下课！

观课悟道

对整本书阅读颇有研究的特级教师陈金华，通过他执教的《平凡的世界》告诉我们：整本书阅读教学，要善于精选提炼。

一、精选有价值的问题——以点为阶

整本书阅读课堂教什么，不仅需要语文老师对整本书进行深入解读与个性化思考，更需要语文老师的智慧选择。陈金华老师执教《平凡的世界》，在课前先搜集学生读完整本书之后的疑问，再选择其中很有价值的一个问题——"孙兰花和孙兰香的出身环境、家庭情况基本相同，是什么原因使两姐妹在爱情和婚恋观上有如此大的差异？"作为此次的教学内容，这个问题的"价值"体现在四个方面：（1）从学情出发，疑于学生，解于学生；（2）探究学生自己提出的疑问，更快吸引学生进入思考与探究的状态，激发其学习兴趣；（3）有共性，它不仅是这个学生的疑问，也是很多学生甚至读者的疑问，值得探究；（4）以此问题为切入口，通过探究孙兰花姐

妹不同命运的原因，可以类推理解书中其他人物的不同命运，进而从宏观上把握小说主题，实现"窥一斑而知全豹"的教学效果。

整本书阅读教学，需精选有价值的问题切入，它是全课的起点，也是进入文本的台阶。

二、品读关键的情节——拾级而上

为解决学生提出的有疑惑的问题，陈金华老师的方法是化繁为简：精选全书关键情节，进行品读归纳。不仅深入浅出地解决了问题，还引导学生走向了文本更深处。

陈金华老师在全书中精选了体现孙兰花形象特点的六处关键情节和体现孙兰香形象特点的四处关键情节与学生一起细读分析，这些情节的关键之处在于：每一处情节都蕴含着两姐妹不同爱情、婚恋命运的不同原因。在一次次品读中，学生的疑问渐解：是家庭身份、自身性格、文化程度、思想观念、社会时代等因素的综合影响使得两姐妹虽出身同一个家庭却有截然不同的爱情、婚恋观。关键情节的品读，不仅解了学生的惑，更是引导学生走进文本更深处：（1）探究作者的写作意图。路遥对以孙兰花为代表的坚韧依附型农村妇女的悲悯同情，对以孙兰香为代表的新思想下自由平等爱情的赞美歌颂，正是他用现实主义的手法来寄托他的理想主义情怀——对弱者的悲悯，对勇者的高歌。（2）解码人物背后的历史文化特征。两人爱情婚恋的不同命运，也是人物在社会时代、民族文化的变化中前进的一个缩影。（3）在阅读中读他人，也是读自己。影响两姐妹命运的个人、时代因素，又如何不影响书中其他人物的命运？走出书本，又如何不影响我们每一个人的命运？好的整本书阅读教学，不仅是读他人，也是读我们自己。

三、提炼共性的阅读方法——登高而望

整本书阅读的目的之一是建构阅读整本书的经验，形成适合自己的读书方法，提高阅读效率，提升阅读鉴赏能力。陈金华老师这堂课的亮点不仅是化繁为简、深入浅出地引导学生解决自己提出来的问题，更是将整本

书阅读的方法渗透在课堂始终，依次提炼出下列几种适合整本书阅读的方法：（1）精选情节，读出人物。去旁除杂，精选全书中最能反映人物特点的关键情节品读，可以快速、全面、深入地理解人物。（2）据人物命运，探作者态度。书中人物大多是有血有肉、有喜有怒的鲜活的生命个体，这些人又往往是不同类型人物的典型代表，依据书中人物命运的走向，可以探究出作者对这一类人物的情感态度以及写作意图。（3）切己体察，读出自我。读整本书，既要进入文本，感受人物，又要走出文本，思考人物。在进进出出中，可以实现思维的广度与深度。（4）比较阅读，读出时代与社会。通过人物、情节、时间等的对比阅读，可以使理解更清晰，归纳更理性。（5）选取角度，主题式阅读。从不同角度阅读，可以实现主题的多元化解读。

这五种方法既可以直接帮助学生提高阅读效率，又可以对整本书阅读方法进行有益探索，有益学生的终身阅读。

诗意手法三部曲

——观董一菲执教《群文阅读课:〈诗歌中的红与绿〉》

吴春来

课堂节录

节录一

师:俄国画家列宾说:"色彩即思想。"古今中外的艺术家都有自己钟爱的色彩。向日葵的金黄是梵高生命的向往;莫奈用棕色表现伦敦漫天的迷雾,实则传达的是自己内心的一缕寂寞和孤独;多瑙河流淌的是施特劳斯的湛蓝;四月的天空飘洒的是诗鬼李贺瑰丽的红雨。你能用色彩描写一下古代诗人的诗风吗?有人说,张爱玲小说的风格是葱绿配桃红,因为她表达了悲凉、凄凉、凄艳和寂寞的哀伤。

生:我喜欢的诗人是温庭筠,他的诗中充满"叶绿体",能产生丰富的营养,而我作为一个初级消费者尽情地享用他的诗。

师:好酷的比喻。(笑声)

生:我认为李商隐的诗是百花园中一朵淡紫色的奇葩,在每朵花瓣上都滚动着美丽的海蓝色的露珠,浪漫、神秘,透着忧伤,让人百感柔肠。

师:你把世间最浪漫的蓝和忧郁的紫都送给了李商隐。

生:(很急迫)如果用一种颜色来形容李煜的词风,那就是蓝色了,李煜属于蓝色中的深蓝,象征南唐后主的帝王之尊,国破家亡,愁多、怨广、恨深,同时加上深蓝色的忧郁,使李煜具有古代诗人少有的双性气质。

师:是吗?看来蓝色不该属于李商隐,应该属于李煜。(笑声)

生:(很激动地)用赤诚和热烈的红色、深沉而执著的黑色来诠释曹植真是再恰当不过了，因为你可以从他身上找到勇士的精神，更可以从他身上品味出那份卓然与唯我独尊，虽然红与黑的搭配过于凝重，可命中注定，一份红色就是一份热情，一份黑色就是一份高贵与完美。

师：难怪谢灵运说曹植才高八斗。

生：我认为"玉碗盛来琥珀光"才是李白的光泽，玉色浓白而凝重，高洁而纯清，那是李白"宁为玉碎，不为瓦全"的真性情所在，而琥珀呢，那种淡淡的金色，雅正、澄澈，更能折射出李白诗风中高贵、豁远的光辉，能醉倒我在诗乡的一世一生。

师：我们已经沉醉不知归路了，还有补充吗？

生：我有一首打油诗，也送给李白。（直接接过话筒）"赤橙黄绿蓝靛紫，李白诗中皆尽有。若问为何许多色，只因诗仙爱饮酒。"（热烈的掌声和赞叹声）

师：看来解释诗只能用诗的语言。

师：诗离不开色彩，那是诗心，是诗魂，是渴望与何人诉说的千种风情。看来诗在同学们心中本来就是缤纷的。看，这是白居易的一首《忆江南》，白居易曾任苏、杭太守，江南那片多情的土地有他的青春，他的抱负，那是他魂牵梦萦的地方。诗人用怎样的色彩描绘了江南春的明媚和蓬勃？（打出课件）

生：（齐读、重读）红、绿。

（播放课件，学生放声齐读。）

师：请两位课代表复习一下有关"红"与"绿"的诗句。

（男课代表说上句，其他学生填下句。）

1. 花褪残红青杏小。燕子飞时，绿水人家绕。

2. 知否知否？应是绿肥红瘦。

3. 一道残阳铺水中，半江瑟瑟半江红。

4. 绿蚁新醅酒，红泥小火炉。

5. 红雨随心翻作浪，青山着意化为桥。

6. 长亭外，古道边，芳草碧连天。

7. 青山依旧在，几度夕阳红。

8. 西塞山前白鹭飞，桃花流水鳜鱼肥。

节录二

师：好一片如火的红，好一片醉人的绿，古典诗歌"穿红着绿，占尽风流"，红与绿的着色是最大胆的着色。杨万里的"接天莲叶无穷碧，映日荷花别样红"，不仅"碧"，而且"无穷碧"，不仅红，而且"别样红"，这种大红大绿是否太俗了？（课件出示"红与绿的交响"）这体现了我们民族怎样的审美境界？

（众生举手，指一名学生回答。）

生：红与绿的结合体现的是艺术的辩证，是对比，是衬托，是虚实相应，是冷与暖的调和，是海水与火焰的共存。

生：我想从审美的角度说，（笑声）我认为中华民族是最懂得审美的民族，（环顾）就像她对红与绿的欣赏。红色代表生动，而绿色代表安静，既生动又安静，这本是最理想的人生，古往今来，身处太平盛世的人，心中都有这种情感。中国人喜欢红与绿，绝不仅仅停留于绿与红对视觉的强烈冲击所带来的快感，更深层的应是对于一种理想生活的追求，所以说，中华民族是最懂得审美的民族。

师：好像一首祖国的颂歌。（笑声）

生：我们国家地大物博，我认为可以分为北国和南国，而红色在我看来是属于北国的，它有着火一样的激情，热烈而奔放、浓烈而灼人。南国的绿是妩媚的，是楚舞灵韵的舍利子，是水的灵旋，舞姿的婆娑，这红与绿便构成了中华民族挥之不去的民族情结。

师：好抒情啊，对楚舞还略知一二，佩服！佩服！（生鼓掌）

生：从道家思想的角度，我是这样认为的，道家崇尚天人合一的思想，认为自然最美，而自然又是什么呢？自然就是红花和绿叶。所以红色和绿色最美。

师：好厉害！参禅悟道了。（笑声）

生：列宾说："色彩即思想。"我想说："色彩即性格。"孔子"仁"的思想滋养淋浴了中华大地数千年，中华民族自古以"礼仪之邦"著称，中国人自古在"非礼勿视，非礼勿听，非礼勿言，非礼勿动"的观念中形成了温柔敦厚和谦虚的性格，而中国人的心中却有着火一样的激情，我想用梅纽因评价莫扎特音乐的一句话来说一说中国人："中国人如那火山斜坡上的葡萄园，外面宁静优美，里面却是火热的。"我想这就是中国人。因为心中有激情，所以他们热爱那滚烫的红色；因为心中有激情，所以他们热爱珠联璧合的红与绿。

师：好卓越的思维，同样卓越的语言！难怪哲学家说："语言是存在的家园。"

师：红明绿暗，红色是我们这个民族的情结所在，从山顶洞人红色的顶礼膜拜，到古典文学顶峰《红楼梦》，中国古典文化似乎是以红开始又以红达于顶峰，更是有大量重情感、有内涵的与红色相关的词。如吴三桂是"冲冠一怒为红颜"，古人讲"红颜知己""红袖添香"，陆游的"红酥手，黄滕酒"，此外，还有"红杏""红莲"等。李后主有"林花谢了春红，太匆匆！无奈朝来寒雨晚来风"，这里的"红"改成"花"或"英"好不好？

生：红色可刺激视觉，给人留下的印象就深刻。

生：我补充两句，我认为"红"代表的应该是黄昏，这便有了一种强烈的悲壮的色彩，春天本来是美好的，生机勃勃的季节，可春天的黄昏是这一切美好事物将要逝去的时刻，诗人借此来表达对过去美好生活的怀念和悲痛之情，使诗愈发得悲壮、动人。

生：红是一种大气、抽象的色彩，用"红"来代替"英""花"可以给人更多的想象空间，让人去想"红"到底代表了什么。

生：我想从人性的角度来阐述一下红的含义。"红"在古代可以代表红红火火的日子。我猜李煜写这首词的时候一定在想："唉，这么红红火火的日子，这么快就过去了，怎么会这么快？"

师：是"故国不堪回首月明中""四十年来家国，三千里地山河"嘛。

生：我想从一个侧面来说，我们都知道，当太阳从地平线上升起来的时候，永远那么鲜红，永远那么豁达，包容了一切事物。反之，当它下落的时候必定会托起一片郁闷的黑暗，那能撕破人心中理想的无形的手，那……我想这句诗中的"红"字的成功就在于此吧!

生:李煜诗中的"红"字,寓意深刻。红不仅指花,而是艳丽如花的红颜知己,此时的李煜已失去了国家,又失去了此生挚爱,自古就有无数为红颜而洒泪、流血的英雄,而李煜饱蘸心血,用"红"怀念他的爱人。

师:好悲情啊,看来李煜不仅丢掉了国家,还丢了爱人。

师:"红"有点杜鹃啼血,触目惊心。到曹雪芹的笔下更有"千红一窟(哭),万艳同杯(悲)"的大悲大痛,在某种意义上说,红色是我们民族生命的血气蒸发的枚枚红豆。

大家都知道余光中的《等你,在雨中》,请一位同学背该首诗的第一节和最后一节。

(配乐,生相当深情地背诵。)

等你,在雨中,在造虹的雨中
蝉声沉落,蛙声升起
一池的红莲如红焰,在雨中
……
步雨后的红莲,翩翩,你走来
像一首小令
从一则爱情的典故里你走来
从姜白石的词里,有韵地,你走来

(掌声响起)

观课悟道

董一菲老师是诗意语文的倡导者,她的诗意语文大致可以这样概括:教师以充满诗性与哲思的个性解读,自然简朴的课堂设计,含蓄蕴藉、言在此而意在彼的曲问,绚烂缤纷与沉静深刻相结合的教学语言,让课堂充满诗意与审美、智慧与机趣,呈现重峦叠嶂、花团锦簇的艺术之美,给学生以精神的种子,用语文的诗意与美好塑造人生的真善美。

《群文阅读课：〈诗歌中的红与绿〉》一课，亮点频仍，正是董一菲老师诗意语文观的集中体现，颇值得揣摩、品鉴，现择其一二说之。

一、创设情景，以情传情

本节课有两大教学环节：一是诗歌中"红与绿"的探究，一是对"红"的审美。这种探究与审美不是感性的抒情，而是理性的思考、情感的评价。处理不好，课堂就会流于表面的热闹，甚或毫无生趣。董老师的高明之处就是创设情景、以情传情，善于用自身的真情实感去叩击学生的心弦，选择动情点以打动学生的心，激发学生的情，去联结课堂多姿多彩的感情之线，从而使作品与学生、学生与学生、老师与学生产生共鸣，营造动情的诗意课堂，而这一切离不开教师的语言，董老师的语言是诗意的。董老师用"四月的天空飘洒的是诗鬼李贺瑰丽的红雨。你能用色彩描写一下古代诗人的诗风吗？有人说，张爱玲小说的风格是葱绿配桃红，因为她表达了悲凉、凄凉、凄艳和寂寞的哀伤"这样声情并茂的导语创设出审美的情景。由于教师动情，学生在情感的感染下，置身审美的氛围里，话闸被打开，情思泉涌，妙语连珠，为教学蓄足了势，值得称道。

不难发现，董老师追求的是绚烂缤纷与沉静深刻相结合的教学语言，本节课表现得淋漓尽致。教学是一种潜移默化的过程，从学生们的语言上看，可见一斑。

二、设计简约，曲"问"通幽

大道至简。好的设计当是简约的，应以少胜多，以简驭繁。群文阅读课不好教，难就难在教学内容的取舍。童庆炳教授说，对于"文学性"来说，气息是情感的灵魂，情调是情感的基调美，氛围是情感的气氛美，韵律是情感的音乐美，色泽是情感的绘画美。董老师深谙其道，本节课选取诗歌中的颜色作为教学内容，可谓抓住了文学审美的牛鼻子。因为设计简约，教学内容适宜、科学，教学环节简洁，学生大有所得。

善教者必善问。董老师提问向来不直来直去，而是喜欢委婉表达，如"李后主有'林花谢了春红，太匆匆！无奈朝来寒雨晚来风'，这里的'红'

改成'花'或'英'好不好？"实际上，她运用的是含蓄蕴藉、言在此而意在彼的曲问，这样的曲问重在激活学生内心的诗意，唤起诗心，以求循序渐进，水到渠成。

三、培养创新，诗趣盎然

董老师诗歌专题教学，主要是培养学生的形象思维和抽象思维，在思维品质中亦注重创造性思维的培养，这种创造性思维上升到哲学、美学、民族情感与审美等层面，故而本节课既有理性的抽象，也有感性的诗趣；学生沉浸在探究的愉悦里，浸染着诗意的气息、情调、氛围、色彩。如教学第一环节探究"红与绿"，有学生说，红与绿的结合体现的是艺术的辩证，是对比，是衬托，是虚实相应，是冷与暖的调和。学生的发言既有理性的高度，也有感性的温度，直抵心灵。再比如教学第二环节"品红"，学生的视域相当开阔，思维极其活跃，这离不开董老师课堂上创新思维能力的培养和"给学生以精神的种子，用语文的诗意与美好塑造人生的真善美"的语文追求。

总之，董老师这节课营造出一种感性与理性交融的艺术佳境，董老师构建的诗意的课堂，充满诗意与审美、智慧与机趣，呈现重峦叠嶂、花团锦簇的艺术之美。

后　记

　　适逢五四运动一百周年纪念日，书稿终于完成，颇有意义。"春来咏语"教研团队自2018年8月1日成立始，我们就确定了一个月研究一位名师课堂的目标，团队的成员不可不谓殚精竭虑。由于年轻，他们的经验不够，但他们认真学习、努力钻研的态度给青年教师们树立了榜样。

　　书稿《教师喜爱的36堂名师语文课》开启了我们学习的发现之旅。大家把一线教师喜爱的36堂课例进行深入研究，有了自己的独立思考，相信这样的思考也将引发更多人的思考。历经五个月的不断打磨，书稿终于可以面世了，我们的喜悦之情难以言表。

　　书稿体现了青年教师观课的智慧，他们以全新的视角来看待教师喜爱的语文课，这样的视角如同新生婴儿来到世间那最美丽的初见，这样的遇见有灵气、有生机、有创造力；这样的视角有如雏凤，清越之音犹如天籁，必将与众不同。

　　由于年轻，故而好学，他们有股子不到黄河心不死的拼劲，书稿反复修改达八次之多，期间，大家互相提意见，挑毛病，甚至有点苛求。

　　本着精益求精的态度，我们特邀湖南省中语会理事长张良田先生、《中学语文教学参考》执行主编张万利先生担任顾问，感谢他们的悉心指导与鼓励。正因如此，我们的书稿才保证了质量。

　　感谢"大夏书系"编辑卢风保先生的信赖，使我们有勇气与信心将教师喜爱的36堂课研究下去，并构建了我们的观课视野，善莫大焉。

　　当然更要感谢36堂课的执教者，你们的课堂让我们对教学有了更深刻的认识。由于各种原因，部分课堂执教者，我们尚未取得联系，一旦联系上，我们将及时奉上样书以表谢意。在此，我们要对已故的语文大家陈忠樑先生、于永正先生、贾志敏先生致以最崇高的敬意，斯人已去，但三位先生对待课堂的精神不朽，他们的精神如不灭之灯塔给在黑夜里摸索前行的后来者指引方向，我们沿着他们的路继续跋涉，幸甚至哉。犹记得在天津听贾志敏先生上课，他说的"书声琅琅，议论纷纷"八字箴言掷地有声，课后他听我评课，对我的观课给予高度评价，说我是一个非常会看课的人，他的认可也让我鼓起勇气有信心带领团队成员把36堂课研究好。

语文课不好上，原因多多，如教学内容难以处理，教学方法不太到位等。"春来咏语"教研团队，试着从小学、初中、高中三个不同学段去观察课堂、审视课堂，以我们的思考给语文老师们以新的思考。由于本人有着小学与中学语文教学教研的特殊经历，故而在观课指导中更倾向于学情的观察和语文教学年段教学的普遍性与特殊性的研究，这也是本书的独特性所在。

如果还要说本书在操作性上有何突出特点，那就是我们在"方法看得见、方法用得着"上确实下了苦功。36堂课，都有其独到之处，我们尽力挖掘，然后呈现，唯一希望的是，我们的发现能给广大语文教师以新的启发，并能学以致用。

如果一定要说哪些群体更适合阅读此书，我们的初衷是：每一位语文老师都可以读读，不管你处在小学阶段，抑或处在中学阶段，只要你愿意读读，对课堂教学应该有新的发现，对观课也会有新的领悟；年轻教师可以学学技法，年长教师可以看看门道。值得欣慰的是，参加编写的两位老师在最近的一次市级教学竞赛中将悟课之所得用于课堂，他们的课别出心裁，深得同行好评，分别获得初中、高中学段第一名。

由于我们的老师还年轻，时间与水平也有限，本书难免有纰漏与不足之处，敬请读者不吝指教。

吴春来

2019年5月4日

图书在版编目（CIP）数据

教师喜爱的 36 堂名师语文课/吴春来主编 . —上海：华东师范大学出版社，2019
ISBN 978-7-5675-9702-0

Ⅰ.①教… Ⅱ.①吴… Ⅲ.①中学语文课—课堂教学—教学研究 Ⅳ.①G633.302

中国版本图书馆 CIP 数据核字（2019）第 191611 号

大夏书系·语文之道

教师喜爱的 36 堂名师语文课

主　　编	吴春来
策划编辑	卢风保
审读编辑	万丽丽
封面设计	奇文云海·设计顾问

出版发行	华东师范大学出版社
社　　址	上海市中山北路 3663 号　邮编　200062
网　　址	www.ecnupress.com.cn
电　　话	021-60821666　行政传真　021-62572105
客服电话	021-62865537
邮购电话	021-62869887　地址 上海市中山北路 3663 号华东师范大学校内先锋路口
网　　店	http://hdsdcbs.tmall.com

印 刷 者	北京密兴印刷有限公司
开　　本	700×1000　16 开
插　　页	1
印　　张	18
字　　数	275 千字
版　　次	2019 年 11 月第一版
印　　次	2021 年 5 月第四次
印　　数	12 101-15 100
书　　号	ISBN 978-7-5675-9702-0
定　　价	52.00 元

出 版 人　王　焰